人のからだからできた漢字

骨や肉などのかたちのいろいろ

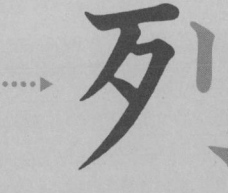

腹肉

きりひらいてとった動物の肉のかたち

心

心臓のかたち

列

骨

肉をとりさったほねのかたち

力

うでに力を入れてできた力こぶのかたち

下村 昇の漢字ワールド ⑤

安▼あ▼あ

ひらがな・カタカナの教え方

現代子供と教育研究所・所長
下村 昇＝著

高文研

✦目次✦

第一章　教え上手の教え方

第二章　教え上手になるために

第一章

教え上手の教え方

ひらがな・カタカナの教え方

1 日本語表記の複雑さ

日本に住んでいる外国人をみているとわかりますが、言葉を使いこなす能力（話したり聞いたりすること）は、日々の生活の場面に応じて、また、必要に迫られて、使っていくうちに自然に伸びるようです。しかし、書き言葉は「自然に」というわけにはいきません。

文字や符号《ふごう》を適切に使って言葉を書き表すには、いろいろな約束や規則があって、これをきちんと守らなければ相手に伝わりませんし、誤解を招くことにもなりかねません。この約束や規則を「表記法」といいます。

日本語にも、日本語を書き表す上での複雑な規則がいろいろあります。文字を覚えるには、その複雑な表記法ばかりでなく、書き順という大きな問題もクリアーしなければなりません。

日本語の書き表し方について、問題点の主なものをあげてみましょう。

まず一つめは、同じ言葉に対して何通りもの書き表し方があることです。

例えば「山」や「川」を「ヤマ」「カワ」とカタカナで書くことも出来ますし、「やま」「かわ」とひらがなで書くことも出来ます。さらには、「YAMA」「KAWA」とローマ字でも書くことが出来ます。これだけで、漢字、カタカナ、ひらがな、ローマ字と、四種の文字を使っていますが、わたしたちが使っている文字は、このような書き表し方ばかりではありません。

複合語、熟語の書き表し方になると、また違った問題が出てきます。それが「交ぜ書き」という書き方です。例えば「音符」と書くのに、「音符」と上も下も漢字で書くことはもちろん、「音ぷ」「おん符」「おんぷ」のようにも書き表すことが出来ます。これにカタカナなどまで加わったらもっと複雑になります。「落ち着き払う」と書くにも「落着き払う」「落ち着払う」「落ちつきはらう」など、いろいろな表記を目にしますから、混乱してしまうという人もいます。

次に日本語にはいくつものかな遣いがありますし、送りがなのつけ方があります。

例えば旧かな遣いで「けふ」(今日)や「てふてふ」(蝶蝶または蝶々)と書いていたものを、現代かな遣いでは「きょう」「ちょうちょう」と書き表すことになっています。そのものが何であるかを書き表すためだけならば「ちょうちょう」でも「ちょおちょお」でもよいかもしれません。あるいは「ちょーちょー」でもいいでしょう。こうした書き方をしたとしても、読む人には、(英語で言えば)「〈バタフライ〉のことだ」とわかります。しかし、現代では「ちょうちょう」と書かなければならないことを教えなければなりません。

もっとややこしいのは、言葉によって同音のかなを使い分けなければならない場合があることです。「ず」と「づ」、「じ」と「ぢ」の区別は、わたしたち大人でも難しいほどです。

今書いた「難しい」という表記、これをひらがな書きにすると「むづかしい」と書くのでしょうか、それとも「むずかしい」でしょうか。

「大地、基地」などの「地」は「ち」ですが「地面、地震」などの「地」は「じ」でなければなりません。そして「空中、地中」などの「中」は「ちゅう」なのに「家中、一日中」の「中」は「じゅう」だというのです。

こうしてみると、子供にこれらのかな遣いをマスターさせることは、相当にたいへんです。また、「あらわす」は「表す」でしょうか「表わす」でしょうか、「あらわれる」は「現れる」でしょうか「現われる」でしょうか。「おこなう」は「行う」でしょうか、それとも「行なう」と書くのでしょうか。「くもり」は「曇り」でしょうか、「曇」でしょうか、「はれ」は「晴れ」でしょうか、それとも「晴」でしょうか。

それぞれ通則とか許容というのがあり、**〈この場合は　こう〉**といった決まりがあります。そうしたこともいちいち覚えなければなりません。

子供は、一年生になると、すぐに次のことを学習します。

①**「は」**（この場合「ワ」と発音しても「は」と書く）

この川は　ふかい……主語を示す

それは　楽しい………事柄を示す

②**「へ」**（この場合「エ」と発音しても「へ」と書く）

うちへ　帰ろう………方向を示す

③「を」（この場合「オ」と発音しても「を」と書く）

海を　ながめる………目的を示す

④長　音《ちょうおん》（のばす音の書き方）

おとーさん・おとおさん　↓　おとうさん

おかーさん　↓　おかあさん

せんせー・せんせえ　↓　せんせい

おはよー・おはよお　↓　おはよう

⑤促音《そくおん》（小さい字「っ」で表す詰まる音の書き方）

がっこう・はっぱ・まっくろ・れっしゃ・しっぽ、など

⑥撥音《はつおん》（鼻音「ン」で表す音の書き方）

とんで・飛んで、ふんで・踏んで、よんで・読んで、あそんで・遊んで、など

⑦拗音《ようおん》（「ゃ・ゅ・ょ」などの小さい字で表す音の書き方）

びょういん・病院、いしゃ・医者、あかちゃん・赤ちゃん、きょう・今日、など

⑧連呼・連濁

つずく　↓　つづく　　ちじこまる　↓　ちぢこまる

つくずく　↓　つくづく　　ちりじり　↓　ちりぢり

つずる　↓　つづる　　ちかじか　↓　ちかぢか

これら、①〜⑧の表記の仕方は小学校に入って習うわけですが、そうはいっても、学校の教科書で初めて眼に触れるものではありません。幼児の身近にある絵本もこうした表記法に従って書かれています。

絵本の好きな子供は、なんの苦もなく、知らず知らずのうちに覚えてしまっているでしょう。あとは意識化させるだけです。

幼児は、四、五歳である程度の読み書きが出来るようになっています。この年齢になると一定の文字に一定の音が結びつき、さらに意味が結びついていることが分かってきます。その上に絵本などを手がかりにして、鉛筆やクレヨンで線やマル、そのほかの図形を上手に書けるようになります。そしてだんだんと複雑な図形を見分け、文字を覚えていきます。自然にこうした能力が出てきて、その能力を伸ばすことに興味や欲求が生じるようになります。

こうなると、読みだけでなく、書くことにも興味を示し始めます。書く能力が読む能力と切り離せないことがわかります。形を見分ける能力や形を暗記する力がでてくると、今度は書きたくなるものです。

しかし、書くためには「形を再現する能力」や「形の位置、大小、長短、バランスなどを確かめる能力」も必要です。それなのに、まだ十分にそうしたことのできない子供もたくさんいます。

幼児に「く・ふ・む・と・き・そ」などというひらがなを書かせてみると、左右関係が逆になることがよくあります。文字ばかりではありません。図形でも同じことがいえます。

小学校入学時の検査などを見ると、直線、曲線、円などの書けない子供が多いことがわかります。**〈書けない〉**というと語弊がありますから、**〈下手な書き方〉**といってもよいでしょう。この時期ではまだ手先を細かく動かすことが出来るほどに、運動神経が発達していないのです。

こうした子供には「つ・ま・し・い・こ」などのひらがなはともかくとして、字形の複雑なひらがなをバランスよく書くことは難しいようです。

とはいっても、文字を知り、本を読むようになってきた子供に最も大切なことは、「文字は言葉を表すもの」だという意識を育てることです。人間にとって、文字と言葉は今や切り離せないものになっています。幼児の時期から既に、生活の中に「話し・聞き」、「読み・書く」言語生活が組み込まれてしまっているからです。

こうして、日本語教育は自然に行われてきています。「学校に入学してから」などといわず、この世に生を受けたときから自然に身につけさせていく中で、日本語のセンス（言語感覚）を育てることが大切です。

そのためには、ちょっぴり、親が意識的・積極的になればいいのです。それが、あなた自身の表現力・理解力を養い、国語に対する関心や知識を深めることにもなるのですから。

親がそうした心がけを持てば、自信を持ってわが子に文字指導が出来ると思います。

② 口で唱えて楽しく遊ぶ

幼児の文字学習は「遊び」です。わたしの若い友人の家庭の話をしましょう。

彼には美紀ちゃんという五歳半になる娘さんがいます。まだ幼稚園です。美紀ちゃんの仕事は遊びです。彼の奥さんは、彼の帰りの遅い夜、いつも寝る前の一時間くらいを、数冊の絵本を取換《とっか》え引換《ひっか》え読んでやったり、彼女に読ませたり、そうやって過ごしてきているそうです。お母さんも美紀ちゃんも、二人とも読書が大好きなのだそうです。

美紀ちゃんにはお隣に真子ちゃんという同い年のお子さんがいて、同じ幼稚園に通っています。この二人が大の仲良しで、家でも二人で遊ばない日はないくらいだそうです。もちろん、幼稚園の行き帰りもいっしょです。

これは、二人のある日の会話です。お母さんは耳を澄まして聞いていました。

「ねえ、真子ちゃん、わたし、ひらがな知ってるんだ」

「わたしだって、知ってるよ。わかるもん」

「じゃあ、聞くよ。〈**たていって　しゅっ**〉って、なあんだ」

「たていって　しゅっ？」

言われたとおりに手のひらに書いてみた真子ちゃんは、

「ああっ、〈し〉じゃ、ないの?」

「そう〈し〉だよ、〈たていって　ぴゅう〉ねっ。じゃあ〈よこいって　ぴゅう〉は?」

真子ちゃんは、また手のひらに書いてみました。

「わかった。〈つ〉でしょ。」

「真子ちゃん、すごーい。じゃあ、もう一つ出すよ」

「うん、いいよ」

「じゃあ、ねえ、〈よこいって　しゅっ　すくって　とん〉は、なあんだ?」

真子ちゃんは、もう、コツがわかったようです。美紀ちゃんが言い終わらないうちにニコッとして答えました。

「わかった、〈こ〉でしょう」

「あったりぃ……」

「かんたん、かんたん」

真子ちゃんは、もう、とってもうれしそうです。

「こんどは、美紀ちゃん、わたしが出す番ね」

「うん、いいよ」

美紀ちゃんも自信たっぷりのニコニコ顔です。

「じゃあ、いうよ。う〜んとねえ、〈たていって　ぴゅう　よこ　にほん〉」

「わかった、〈**も**〉……」

「あたりぃ、じゃあ、ね。〈**たてぼう　しゅっ　よこいって　しゅっ　すくって　とん**〉なあんだ？」

真子ちゃんは、自分でも手のひらに書きながらいいました。

美紀ちゃんは真子ちゃんの言うのを繰り返しながら考えました。

「〈**たてぼう　しゅっ　よこいって　しゅっ　すくって　とん**〉だよね」

「〈**たてぼう　しゅっ　よこいって　しゅっ　すくって　とん**〉、ああ、わかった。〈**に**〉でしょう」

二人の遊びは、まるで字書き歌のなぞなぞ遊びをしているようなものです。いつでも、どこでも、何にも道具も使わなくても遊べて、幼児にはとても楽しい遊びのようです。これが口唱法ですが、この口唱法での文字遊びは、ひらがなばかりでなく、カタカナでも漢字でも数字でも出来る遊びです。

「**カタカナ**」なら、こんな調子です。

「ア」……よこぼう　はねて　ななめに　ぴゅう
「イ」……ななめに　ぴゅう　たてぼう　とん
「ウ」……たてに　ちょん　みじかい　たてで　かぎを　ぴゅう
「**数字**」なら、こんな調子。

「1」……うえから　たてぼう　1のじ　できた
「2」……まわって　よこぼう　2のじが　できた
「3」……まわって　まわって　3のじ　できた
一年生の子どもは、次のようにして遊んでいます。

「〈一の大〉は、なあんだ?」

「〈一の大〉?　そうか、〈天〉だろう」

「じゃあ、〈二人〉って書いたら　なあんだ?」

「〈二人〉かあ、なァんだ、それも〈天〉じゃないか!」

「ざんねんでした。〈夫〉でした」

いっぱい食わされたようです。でも、小学生たちはこうして楽しみながら「漢字」の勉強をしています。これが、口唱法のよさの一つです。

幼児はともかくとして、小学生ばかりでなく、中学生でも高校生でも、勉強が好きだという人はあまりいないようです。最近は大学院の修士課程に進む人も多くなりましたが、そういう人たちの中にも、あまり勉強は好きじゃないという人が多いようです。しかし、勉強は嫌いだという子でも、やっていることが勉強だと知らなければ「勉強」もするのです。

今、わたしは「幼児はともかくとして」と言いましたが、幼児や一年生は「勉強」ということ、お兄さんやお姉さんになったような気がして、うれしいのです。何だか偉くなったような気がするのです。一年生になった子に「○○君」と「君付け」で呼んでやると、とても喜びます。あれと同じ気分なのです。ですから、勉強も勉強と思わないのです。

わたしのうちの近所にお住まいのご老人たちも、若いころはあんなに好きでなかったはずの勉強を、定年退職して二、三年もすると、自分からやるようになってきました。福祉事務所の教室に通って和歌や古典を勉強したり、区役所が主催するパソコン講習会にいそいそと出席したりしています。

なぜ、幼児やご老人たちは勉強がいやでないのでしょう。

理由は簡単です。課せられて義務的にやらされているのでないからです。テストもなし、評価をされて人格を傷つけられることもないからです。やっているのは勉強といっても本人にとっては趣味であり、遊びなのです。漢字検定を受ける老人の数もたいへんなようです。

ところが、学校に入ってテストがあったり、通信簿があったりするようになると、なかなかそうはいかなくなります。ことに、文字（漢字）の勉強などというものは、単純で、その上、繰り返すことによって覚えるものですから、子供にとっては最もいやで面白くない勉強になりがちです。

先の美紀ちゃん、真子ちゃんはどうでしょう。本人たちは遊んでいるつもりなのですが、口で唱えながら、その文字を頭の中にイメージ化させて考え、いつの間にか文字を覚える勉強をしてしまっているのです。

この方法は、相手にとっても、自分にとっても、一人でコツコツ勉強するときの何倍もの効果があります。心理学では〈**勉強するなら人の頭を利用せよ**〉といいます。口唱法はまさにその方法の典型です。

〈**ななめで　しゅっ　むかいに　とん**〉……………………「い」
〈**よこぼう　しゅっ　すくって　とん**〉……………………「こ」
〈**ななめで　もちあげ　まわして　ぴゅう**〉………………「の」
〈**たてぼう　しゅっ　むかいあわせで　もひとつ　ぴゅう**〉……「り」

真子ちゃんのように、もう、わかってしまった子でも、これからひらがなを習おうかなと思っている子にも、この方法なら、楽しい遊び感覚で覚えさせたり、仕上げ学習をさせたりすることが出来ます。

親子で楽しむのでしたら、お母さんがこの〈**唱える書き順**〉に適当に節をつけて歌ってやるのもいいでしょう。

わたしの別の友人の園美ちゃん親子は、読み札と取り札を作って、カルタ取りの形式で遊んでいるといいました。学校でも（この学校は複式学級の教室でしたが）、一年生の教室で同じような方法で遊んでいるというクラスがありましたし、身障学級を担任している先生が、口唱法で文字の学習を始めたら子供たちがノッテきて、毎日やりたがるといっていました。

このカルタを家で作るのならば、簡単に作るのがよいでしょう。ふつうのカルタのように取り札の表面には「あ」という字と朝顔の絵、「い」という字と犬の絵、読み札のほうには「あ」とその唱え方、「い」とその唱え方というように、親子で楽しみながら作れます。作りながら、「あ」のつくもの、何の絵にしようかと、子供と相談しながら作るとよいのです。そうすると、子供は一生懸命に考えてくれますし、絵も描いてくれます。絵などは雑誌などから切り取って貼り付けることも出来ます。

3 子供の思考過程を考える

親子でも子供同士でもよいのですが、美紀ちゃんや真子ちゃんたちのように、二人以上で口唱法のなぞなぞ遊びをするとき、その人たちの頭の中、とくに答える側に回った人の思考過程（頭の働かせ方）はどうなるのでしょうか。そのことを考えてみましょう。

まず、出題者側の頭の働かせ方です。

①さてぇ、どの字を出そうかな、なにか答えられそうもないもの、ないかな。

②そうだわ、**〈たてのしりふり〉**がおもしろいな。

③よし**〈たてのしりふり〉**にしよう。**〈たてのしりふり〉**の字には、なにがあるだろうか。

④ええとぉ〜、「よ」があるし、「ま」もあるし、それから、「は」「ほ」「ふ」、それに

「な」もあるよねえ、この中のどれにしようかしら。
⑤ええとぉ〜、迷っちゃうなあ、やっぱり、わたしの好きな「は」にしようかしら。
⑤あれ？「は」の唱え方はなんだったかしら？
⑥そうだ、思い出したわ。**〈たてぼうしゅっ　よこをかき　たてのしりふり　たまごがた〉**だわ（ここまで自問自答して、やっと相手に問題を出す）。
⑦いい？　第一問、出すわよ、いい？
〈たてぼうしゅっ　よこをかき　たてのしりふり　たまごがた〉って、なあんだ？

およそ、こんな思考過程をへて、第一問目の「は」を決定するのでしょう。それを受けて、答える側は、次のようになるのでしょう。

①なに？**〈たてぼうしゅっ　よこをかき〉**だって？
②**〈たてぼうしゅっ〉**っていっても、いろいろあるよなあ。「け」だろう、「に」だろう。それから「は」もあるし「ほ」もあるよなあ。
③**〈たてぼうしゅっ〉**の次はなんだっけ？　そうだ、**〈よこをかき〉**だったな、**〈たてぼうしゅっ　よこをかき〉**っていったら、「け」と「に」と「は」……「ほ」は違うなあ。**〈たてぼうしゅっ　よこにほん〉**だもんな。すると**〈よこをかき〉**の字っていったら「け」と「に」と「は」だ。
④でも問題は**〈たてぼうしゅっ　よこをかき〉**の次が**〈たてのしりふり〉**だもんね、**〈たて**

のしりふり〉っていうと「け」と「に」は違うなあ。**〈たてのしりふり〉**は「は」かな？

⑤「は」はなんだっけ。そうかあ、**〈たてぼうしゅっ　よこをかき　たてのしりふり　たまごがた〉**だ。

⑥問題はなんだっけな。そうだ、**〈たてぼうしゅっ　よこをかき　たてのしりふり　たまごがた〉**なあんだ？　っていったんだったな。

⑦わかったぞう、正解は「は」だ。そうだよ、「は」だよ。

⑧念のためにもう一度、問題をいってもらおうかな。（ここまでが答える側の自問自答）

「ねえ、問題、もう一度いってみて？」

⑨「ああ、いいよ、いうよ」、**〈たてぼうしゅっ　よこをかき　たてのしりふり　たまごがた〉**なあんだ？

　やっぱりそうだ、わかったよ、答は「は」でしょう。はねつきの「は」……。

問題を聞いてから答えを導き出すまでの子供の頭の働き方は、およそ、こんなことになるのでしょう。文章で書くと、ずいぶん長い時間がかかっているように思われるかもしれませんが、実は、これだけの思考を一秒かそこらでやってのけているのです。

時計の針が読めるようになった子に「今、何時？」と問うと、「一一時一五分前」などと答えますが、それだってこれくらいの時間がかかっているのです。何にも考えずに答えているようでも、そうではないのです。

長針を読み、短針を読み、しかも一一時に近いけど、まだ一一時にはなっていないから「前」を使っていわなくちゃあ、……というわけで、最終的に「一一時一五分前」になるのですが、これだって、時計を読む思考の過程を順を追って書けばずいぶん長いものになります。それを頭の中で、あたかも計算などしていないかのごとくに速く計算して結果を出しているのです。思考というのはそうしたものなのです。

頭の回転が速いなどという言い方がありますが、こうした思考を瞬時にやりとげる人をいうのです。人間の頭脳というのは、訓練を重ねれば重ねるほど回転が速くなります。脳に刺激をたくさん与えてやればよいのです。

「口唱法」には「書く」という行動と同時に「口で唱える」という要素が入っています。ここでいう「書く」は筆記具を手に持って紙の上に書くことばかりでなく、頭の中で字形(概形)をイメージしながら、筆順に従って一点一画を形作っていくことも含まれています。結局、書き順を口で唱えながら書き順どおりに文字をイメージし、字形を構成することを「書く」というわけです。

口で唱えるためには意識の集中が必要です。その集中した意識が「書く」という行動を導き出す、そのときに子供の脳の働きは活発になり、文字への学習意欲が高められるのです。

ご承知のように、従来の文字の練習というと、五字ずつとか、ノートに一行ずつとかいった練習のさせられ方をしてきました。そして、練習すればするほどいやになり、書いた字も雑になり、やり方によっては機械的でマイナスにもなりかねない練習方法が主でした。

この口唱法はそうしたものと違った積極的に文字を習得させる学習法です。同じ字を何回書くにしても「一点一画に注意して書く」というのは、書写指導の基本でもあります。口で唱えながら書くという行動は、一点一画に注意するという意識を生み出す具体的な方法です。ことに、幼児や一年生が、「文字を初めて習う」というときには、この「一点一画に注意するという意識」は大事なことです。口で唱えるときには、必ずその文字の字形を頭の中に思い描かなければなりません。ですから、書き順を唱えるということは、記憶の中にある文字の字形を確かめながら、さらにしっかり覚え込むことになります。

こうしたことから、口唱法は忘却を防ぎ、字形の記憶を強化し、知識遊びの感覚で文字の勉強が出来る主体的な学習法、いうならば画期的な行動学習の方法だといえます。

4 この教え方でコツをつかもう

何だか、口唱法ってよさそうだし、面白そうだな、うちの子にもやらせてみようかしら、とお思いになってきたのではないでしょうか。そういう気持ちになったお母さんや先生方が、本格的に子供にひらがなを教えようというとき、どうやってすすめていったらよいのでしょう。わたしはそうしたお母さん方や先生方のお手伝いをしたいと思います。

講演会でわたしの話を聞いた先生方は、明日から早速やってみようと思うのでしょう。「今すぐにでも出来る方法とか、何か練習帳みたいなものはないですか」と聞きます。

先生ですから、クラスの子供たちの顔を思い浮かべながら、指導の順序を考え、その中で使えるような練習帳を自分で作れば楽しいだろうになあと思うのですが、そうしたことが面倒だと思うのでしょうか。あるいは、特効薬のようなものをわたしが持っているとでも思っているのでしょうか。そうでなければ学習参考書などを製作販売する業者からドリルを購入して、それを使うことにすっかり慣れきってしまっていて、子供には教材費で買い与えるものだと思っているのでしょうか。明日からすぐに使えるものはないかと言うのです。

お母さん方は、教えることを職業としているわけではありませんから、どんな教え方をすればいいのかと、戸惑いがあることは想像できます。ですから、**〈そうか、こうやればよいのか〉〈なるほど、それだったら、わたしでも教えられそうだ〉**と思えるような方法をお教えしましょう。

ここでひらがなの「れ」「ゆ」「こ」を使って説明しますが、これは、どなたでも出来るひらがなの教え方のサンプルだと思っていただきたいと思います。どなたでも出来る、一般的な方法ですから、このシナリオどおりにやってみると、教え方のコツがわかるはずです。

コツを飲み込んだら、お子さんに合わせて、このやり方をアレンジしてやってみてください。そうすれば、口唱法のすばらしさが実感できることと思います。そして、実感できたら、これとは別に、あなた独自の方法を工夫して、子供が喜んで取り組むようなやり方を、いろいろ試みてみるのもよいでしょう。

「ひらがな・あいうえお」、「カタカナ・アイウエオ」、それぞれの四六文字および「漢数字」と「算用数字」の〈**唱え方と指導のポイント**〉については、第四章以下で一挙に公開します。

❖「れ」を教える

れ……たてぼうで　よこかき　ひっぱり　あがって　すべる

※指導のポイント

❶一画の〈**たてぼう**〉は、中心線より少し左側に長く書く。
❷二画の最初の折れの〈**よこかき　ひっぱり**〉は一画の〈**たて**〉と完全に接すること。
❸二画の左側部分は小さくまとめて、右側部分は広い空間をとること。
❹書き終わりの払い〈**あがって　すべる**〉は、外側に向かって払う。

■1 運筆の練習をさせる

用意するもの

◆画用紙（B4）を数枚
◆濃い色のクレヨン（赤や青）、または2Bの鉛筆

「雲が　モク　モク　モク（と、いいながら雲の絵をかく）」
次に、今書いた雲の下から、
♪あめ　あめ　ふれ　ふれ　ざあ　ざあ　たてぼう

|あ1 め2|あ3 め4|ふ5 れ6|ふ7 れ8|

|ざ1 あ2|ざ3 あ4|た5 て6|ぼ7 う8|

と、リズミカルに歌いながら、雲の絵の紙に「たてぼう」を引いてみせます。

「○○ちゃんも書いてみようか」

親子でいっしょに歌いながら「たてぼう」を引きます。

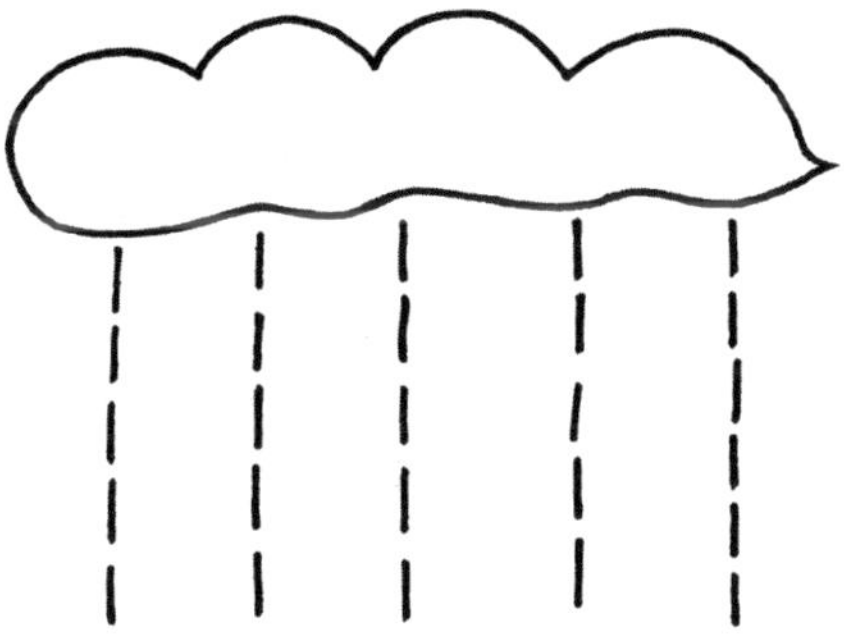

「今度はお母さんが歌ってあげるから、○○ちゃん、書いてごらんなさい」

子供はお母さんの歌に合わせて、「たてぼう」を引きます。

「今度は○○ちゃん一人で歌いながら書けるかしら？」

子供は自分で歌いながら引く。このとき、お母さんは手拍子を打ってあげます。

「よこぼうも　歌いながら書いてみようね。
♪かにさん　あるいた　じょうずに　よこぼう
○○ちゃんもいっしょに書こう」
親子でいっしょに歌いながら「よこぼう」を書きます。

→（スタート）
う こ に う た る ん に
ぼ よ ず じょ い あ さ か

「ほら、こんなふうにも書けるわよ」

♪かにさん　あるいた　うえから　したに

に　ん　る　た　え　ら　た　♪

か　さ　あ　い　う　か　し　に

→

（スタート）

いずれも、左から右に横線を引く練習です。あくまでも運筆の練習なので、いつまでも時間をかけてしつこくやらないようにしましょう。

2「れ」を指で書く

次の口唱法を歌いながら、紙いっぱいに書いてみせます。

♪たてぼうで　よこかき　ひっぱり　あがって　すべる

次に、その書いた字を　もう一度歌いながら　指でなぞります。

♪たてぼうで　よこかき　ひっぱり　あがって　すべる

この段階では、楽しく歌いながら字形を頭の中に入れることを〈ねらい〉とします。

「いっしょに歌おう」

そういって子供を誘い、手拍子を打ったり、子供の両手をとって横に振ったりしながら、リズムをとって歌います。

♪たァてぼうでェ　よォこ　かァき　ひっぱりィ　あァがァって　すゥべるゥ

これを数回繰り返します。子供だけで歌わせたり、お母さんと交互に歌ったり工夫します。

「○○ちゃんもいっしょにやってみようね」

親子で数回歌います。そのとき、お母さんは子供の人差し指に自分の指を添えて、さっき書いた字をなぞります。

「今度は○○ちゃん一人でなぞれるかな？」

子供だけで「れ」をなぞらせます。お母さんもいっしょに歌いながら手拍子でリズムをとります。

このとき、子供の指の動きが歌と合っているか、「♪たァてぼうでェ」といったとき、「れ」のたてぼうの線がなぞれたか、「♪よォこ　かァき」といったとき、よこ線が長すぎず短すぎずになぞれたかなどをみます。

注1　口唱法は口で歌い終わったときにその一画が書き終えられるように出来ているので、ゆっくり歌えばゆっくり手が動くという利点があります。字をなぞらせるときも、ただ歌うだけのときよりも、少しゆっくり目にしてやるとよいでしょう。

「○○ちゃん、手を上げてごらん、今度はお空に書いてみようか」

外に出なくてもよい、いる場所で空中に書けばよいのです。「空書《くうしょ》」といいます。歌いながら二、三回、空書します。このとき字形がちゃんと出来ているか、子供の指先を見ていてください。

3「れ」を紙に書く

「上手だわ！　今度は紙にクレヨンで書いてみようよ」

♪たてぼうで　よこかき　ひっぱり　あがって　すべる

お母さんが赤いクレヨンで大きく書いたら、その上を子供に青でなぞらせます。数回繰り返します。このときにほめてあげましょう。

「さあ、新しい紙をあげるわね。ここに大きく書いていいわよ」

子供が歌いながら書いているとき、お母さんは必ず手を打ってリズムをとってやります。ただし、子供のクレヨンの運びの速さに合わせてやること。少しくらい失敗しても気にせずに、ほめて励まし、楽しく書かせましょう。

✤ポイント①「あがって」は「ほうら、ジェットコースターがあがっていくよ。ジュン、

ジュン、ジュン、ジュン、ジュン、ジュン……」といった調子で。

この「あがって」が十分にあがりきらないで「すべる」にいってしまう傾向がありますので、「ジュン、ジュン……」と声を出して、ちょうどよいところまであがることを意識づけることが大切です。

✤ポイント②「すべる」で「さあ、下にすべるよ。準備はいいかな？　ぴゅう！」

必ず歌いながら書かせます。ゆっくり歌うと、ゆっくりはっきり書けます。速く歌うとその速さに合わせて手の動きも速くなります。子供の上達の度合いによって唱える速さを替えてください。あせりは禁物です。

「今日はとっても上手に出来たわね。はい、花マルよ」

子供の書いた字に大きく花マルをつけて、壁に貼ってあげてください。

◆「れ」の系統の字

の→め→ぬ→ね→わ→れ

←あ→お

❖「ゆ」を教える

ゆ……たてをかき　おおきくまわして　たてぼう　ぴゅう

❊指導のポイント

❶**〈たてをかき〉**は、折り返しまで垂直に引くつもりで。

❷**〈おおきくまわして〉**で、折れから大きくゆったりと曲線を回して払う。

❸一画の最後の払う位置は、ほぼ中心線上。

❹二画の**〈たてぼう　ぴゅう〉**は、中心より右で、なるべく垂直にたてぼうを引き、払いの部分が中心線に向かって少し曲がる。下方に長く出すぎないように注意する。

❶運筆の練習をさせる

用意するもの

◆画用紙（B4）を数枚

◆濃い色のクレヨン（赤や青）、または2Bの鉛筆

「雲が　モク　モク　モク（と、いいながら雲の絵をかく）」

次に、今書いた雲の下から、

「○○ちゃん、こんなの書ける？」

といって、**〈たてぼう〉**を書かせる――（「れ」の項参照）。

「上手に書けるわね。じゃあ、今度はこんなのよ」

♪まあるく　うずまき　くるくる　まわそう
渦巻は何重になってもよいですが、**〈まわそう〉**のおしまいは筆を止めないで、筆の勢いに任せます。**〈ぴゅう〉**の形になります。これを何回か繰り返します。

「じゃあ、今度は　こんなのよ」

♪きたかぜ　ぴゅう　ぴゅう　ななめに　ぴゅう　ぴゅう
初めは**〈たてぼう〉**のようにして、終わりを斜めに払わせます。これも数回繰り返します。

♪きた[1]　かぜ[2]　ぴゅう[3]　ぴゅう[4]　なな[5]　めに[6]　ぴゅう[7]　ぴゅう[8]

2 「ゆ」を指で書く

♪たてをかき　おおきくまわして　たてぼう　ぴゅう

と歌いながら、紙いっぱいに大きく「ゆ」を書きます。

あとで指でなぞります。

「お母さんといっしょに歌おうね」

といって、いっしょに声を出して歌いながら、お母さんはクレヨンで、子供は指で書きます。

♪たァてを　かき………｜

おおきく　まわして……つ

たてぼう　ぴゅう………ノ

注1 これをやることによって、「ゆ」がこれら三つの要素の組み合わせから成り立っていることがわかりますし、他の字を見たときにも、文字を分解したり、組み立てたりする目が養われます。

「これは『雪』の『ゆ』よ。

ほら、『｜（たてぼう）』と『つ（まる）』と『ノ（風がぴゅう）』の三つがいっしょになって出来ているのよ」

今歌いながら書いたそれぞれを差して示してやります。

「いっしょになると、ほら、ね……」

♪たてをかき　おおきくまわして　たてぼう　ぴゅう

と、歌いながら、初めに書いた「ゆ」を指でなぞって見せます。

「○○ちゃんもこれ、なぞって歌えるかな？」

といって、いっしょに歌いながら初めに書いた「ゆ」を指でなぞらせます。

「とても上手に歌えたわ。じゃあ、もう　なにも見なくても　お空に書けるでしょ。

書いてみようか！」

手拍子をとってやりながら、いっしょに歌いながら何回か空書させます。

「こんどはねえ、面白いことやるよ。○○ちゃんが鉛筆になって床に書いてみようよ」

注2　子供は立ったまま足を動かします。自分のからだ全体が鉛筆になったつもりでタッタ、タッタと字形どおりに小走り気味に歩きます。実際には床に書いてはいませんが、子供には「ゆ」の字形が頭の中に入っています。

「はいッ、『○○ちゃん鉛筆』が書きますよォ」

はじめはお母さんが子供の後ろから胴や腰のあたりを支えるようにして、いっしょにやってあげます。

♪たァてを　かきィ

おおきく　まわして

たてぼう　ぴゅう

からだ全体で書いているのですから、唱え方はゆっくりになります。子供の動きに合わせて歌ってやるのがよいと思います。数回繰り返してください。スムーズに出来るようになります。

注3　スタートは後ろ向きです。「たてをかき」と「まわして」と「たてぼう　ぴゅう」は鉛筆になったつもりで、後ずさりするように歩かせます。「おおきくまわして」と「ぴゅう」は小走りさせます。そうすると、実際に鉛筆で書くときに、子供が意識して鉛筆を動かすようになります。

3「ゆ」を紙に書く

「さあ、今度はこの紙よ。

お母さんが書いてみるから、○○ちゃん、歌ってくれる？」

といって、用意してある紙とクレヨンを出します。子供といっしょに歌いながらお母さんが赤いクレヨンで書いていきます。

「こんどは○○ちゃんの番ね」

子供といっしょにゆっくりと歌いながら、青いクレヨンでお母さんの書いた「ゆ」の上をなぞらせます。何回か繰り返してください。はみ出してもよいのです。

「さあ、もう　何も見ないで、一人で歌いながら書けそうね」

といって、別の新しい紙を出してやります。いま書いていた紙は裏返しておきます。子供一人で書かせてみてください。

「上手に書けたわね（とほめてやりましょう）」

そのあとで、「たてをかき」の**〈たてぼう〉**の方向、**〈おおきくまわして〉**のマルの形や大きさ、**〈ぴゅう〉**の払いの方向などを直して練習させます。

◆「ゆ」の系統の字

う → ち → ろ

↓

ら → ゆ → わ

❖「こ」を教える

こ……よこぼう　しゅっ　すくって　とん

※指導のポイント

❶一画の〈よこぼう　しゅっ〉は小さく跳ねる。

❷二画の〈すくって〉は一画の「はね」を受ける気持ちで、一画よりやや長めに書く。

❸上下の画とも、中心線から左右が同じ長さになるよう注意。

❹あまり直線でも曲線でもよくない。ことにカッコのようにならないように。

1 運筆の練習をさせる

用意するもの

◆画用紙（B4）を数枚

◆濃い色のクレヨン（赤や青）、または2Bの鉛筆

「○○ちゃん、『しゅっ』って言うの、やろうか」

と、子供の関心をよぶように、顔の表情や声の出し方を工夫してください。子供の顔をのぞきこむようにいいます。「何か、面白そうなことが始まりそうだな！」と思わせてください。

「こんなの、知ってる？」（と言いながら、節をつけて歌って聞かせます）

♪ほうきで　しゅっ　はいたら　しゅっ　きれいに　しゅっ　おそうじ　しゅっ

「まねして、歌ってごらん」（手を叩きながら、数回）

♪ほうき[1]で[2]　しゅっ[3]　♪[4]　はいた[5]ら[6]　しゅっ[7]　♪[8]

♪きれい[1]に[2]　しゅっ[3]　♪[4]　おそう[5]じ[6]　しゅっ[7]　♪[8]

「○○ちゃんも出来るよね、やってみようか。ほら……」

♪ほうき[1]で[2]　しゅっ[3]　♪[4]

♪はいた[5]ら[6]　しゅっ[7]　♪[8]

♪き[1]れい[2]に　しゅ[3]っ　♪[4]

♪お[5]そう[6]じ　しゅ[7]っ　♪[8]

「あら、上手ねえ。

♪ほうきで　しゅっ」

「しゅっ」を強く歌ってあげます。そして書くときに強調して跳ねて見せます。ただし、この「しゅっ」を強調するあまり「跳ね」が大きくならないように、あくまでも「跳ね」であることに注意して教えてください。

「じゃあ、今度は　こんなのよ」（手を叩きながら数回）

♪ボ[1]ール[2]が　しゅ[3]っ　♪[4]　は[5]ねた[6]よ　しゅ[7]っ　♪[8]

♪ど[1]こだ[2]ろ　しゅ[3]っ　♪[4]　あ[5]っち[6]だ　しゅ[7]っ　♪[8]

「これ、出来る？」

♪よことん　たてとん　おわりは　とめる

♪よことん　たてとん　おわりは　とめる

2 時計に「こ」を書く

「○○ちゃん、『♪よこぼう　しゅっ　すくって　とん』って、なんの字か知ってる？」
　わからない、または知らないようだったら「こ」と、教えてやってください。

♪よこぼう　しゅっ　すくって　とん

といいながら、ゆっくりと、大きく書いて見せます。子供はいま練習した「ほうきで　しゅっ」と同じだと気づきます。

「そうね、『ほうきで　しゅっ』と同じね。でも、ほら、ここのところ（一画目の〈**よこぼう**〉の弧になった部分）が、少し丸みがあるでしょ。そして、ここのところ（二画目を指差して）が、お水を手ですくったみたいでしょう。ここが『すくって　とん』よ。お水がこぼれないように、『とん』って、止めるのね（といって、書いた字を指でなぞってみせる）」

「これ、なあんだ（といいながら、時計の文字盤を書きます）。そう、時計ね。この中に書くのよ。○○ちゃん、歌ってくれる？　お母さんが書いてみるから」（と、赤いクレヨンで書く）

♪よぉこぼう　しゅっ

「このとき『よこ』は、一一時のところから、少しまあるく二時あたりまでいくのよ。そして『しゅっ』で八時に向かって跳ねるの」

♪すくって　とん

「今度は、すくって八時から五時までね。『とん』でしっかり止めるのよ」

そういいながら、時計の文字盤の中に大きく書いて見せます。

「ねッ、出来そうだね。歌いながら指でなぞってみる？（数回やらせます）」

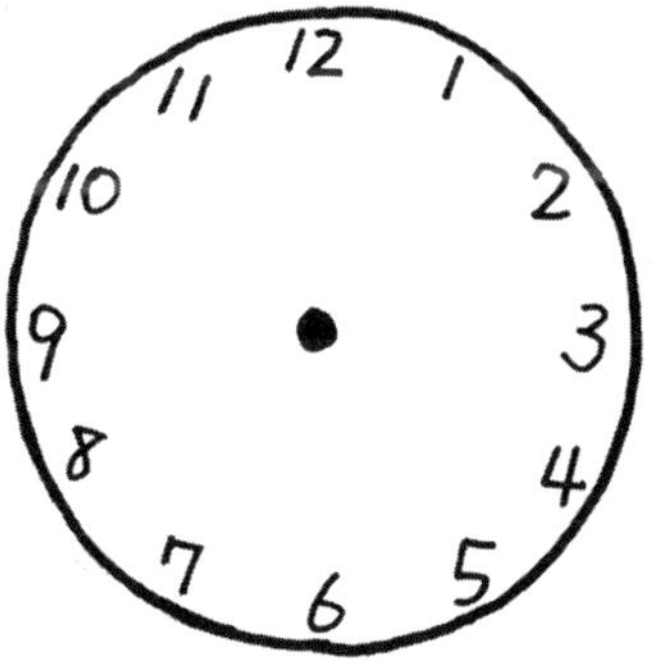

3「こ」を紙に書く

別の紙に子供の見ている前で時計の文字盤を書いてやってください。数字などを一時、二時……などといいながら書くとよいでしょう。

「さあ、出来たわね。今度は○○ちゃんの番よ」（青いクレヨンを持たせて）

♪よこいって　しゅっ

「そうそう、一一時から二時までね」といいながら
♪**すくって　とん**（「八時から五時までよ、しっかり止めてェ」などといいながら）

「うん、上手に書けたわ。立派、立派！　上手じゃないの。もういちど、やってみようか」といいながら、子供といっしょに歌いながら何回か書き、もう一枚の別の時計の紙を出します。

「さあ、今度は○○ちゃんひとりで出来るわね」

書かせながら、お母さんもいっしょに歌ってあげます。「すくって　とん」は一画の「はね」を受けるつもりの筆遣いで。数回繰り返させましょう。

「新しい紙を上げるわ」

といいながら、文字盤も何も書いてない白紙を出します。ここに大きく、歌いながら、「こ」を書かせます。

「上手、上手。とっても上手に書けたから壁に張っておこうね」

◆「こ」の系統の字

こ　↓　に　↓　さ　↓　き　↓　た　↓　な
←
い　↓　ふ

⑤「書きの練習」から見たひらがなの系統

①

し↓も
つ←し
つ↓や↓ろ↓る
て←る
て↓そ

②

い↓ふ
こ←い
こ↓に↓さ↓き↓た↓な

③

よ↓ま
は←よ
ほ←ま
は↓ほ↓け↓り

④

の↓め↓ぬ↓ね↓わ↓れ
あ←の
あ↓お

⑤

う↓ち
ら←う
ゆ←ち
ら↓ゆ

⑥

へ←く
を←と
む←す
え←ん

⑦

単独文字			
せ	ひ	か	み

〈注〉①②③④⑤は、各右上の文字（「し」「い」「よ」「の」「う」）が基本文字を表す。

⑥プロの教え方をのぞいて見ると——あごやお尻で「は」の指導

一年生の教室では、どんなふうに口唱法の授業が行われているのでしょうか。そのひとこまを紹介しましょう。

学校は東京・板橋区のT小学校、指導者はOM先生。

この日は「は」の勉強でした。

この時間の指導目標は次の三点。

◆「は」の正しい書き順を覚える。
◆跳ね、結びの大きさ、形に注意して書く。
◆流れるような運筆（「筆の運び方」のことです）が出来るようになる。

入学したばかりの一年生、しかもまだ一か月少ししかたっていない教室での四五分の授業ということから考えても、ちょうどよい目標設定だと思います。

1 導入（昨日の勉強のおさらい）

「昨日のおさらいをしましょう。これはどう書きましたか」

といって、昨日の国語の時間に勉強した文字カード、「よ」と「ま」を子供たちに見せました。

子供たちはいっせいに手を上げます。

「では、みんなでいっしょに唱えてみましょう」

◆**よ**……よこに　ちょん　たてのしりふり　たまごがた

◆**ま**……よこ　にほん　たてのしりふり　たまごがた

「そうでしたね。では、先生といっしょに、もう一度唱えながら大きく書いてみましょう」

といって、全員に唱えさせながら、先生は黒板に、子供たちは手を上げて大きく空書きをします。

こうして昨日の「よ」と「ま」の復習と、今日の学習の指導目標「は」への橋渡しをします。

今日、学習する文字を示しながら、

「さあ、今日はこの字を勉強しますよ」

と、「は」のカードを黒板に貼りました。

子供たちは即座に「〈**は**〉だ」、「〈**は**〉だ」といって反応します。先生はあらためて「は」

と読むことを教え、全員に確認します。

「今まで習った字の中に、この字（といって『は』を指差す）に似た字があったでしょう。思い出してみましょう」

子供たちの反応は速いものです。

昨日やった「ま」だという子、「ま」の前にやった「よ」だという子。「け」に似ている字だという子もいました。

「そうですね、昨日勉強した『ま』と『は』は、どこが似てるでしょうか」

といって、「たてのしりふり」の部分を意識させます。

「では、『よ』とはどこが似ていますか」

といって、右側（旁《つくり》の部分）がそっくりなところを発見させてしまいました。

「こっちがわ（旁部分）で違うところはどこですか」

この問いかけは、よこぼうの長さをはっきり区別させるための問いかけだったようです。

「だれか、さっき「け」と似てるっていいましたね、本当でしょうか？　これは『け』です」

といって、「け」のカードを出して見せました。子供たちは「似てる、似てる」といいます。

「みんなが似てるっていいますが、『け』と、この『は』とは、どこが似てますか」

子供たちは、即座に「偏《へん》」の部分の「たてはね」を指摘しました。唱え方は知らないようでした。

2 書き順の唱え方を示す

「『は』の唱え方を教えます」

と言って、左の唱え方をリズミカルに節をつけながら、黒板に大きく、リズムに合わせて「は」という字を書いていきました。三度ほど書きました。

◆は……たてぼう　しゅっ　よこをかき　たてのしりふり　たまごがた

子供たちは〈たてぼう　しゅっ〉が面白いといって笑い合います。

先生は二、三度「は」を唱えながら、黒板の字をなぞりました。

そのうち、子供たちも先生に合わせて唱え始め、手を上げて空書きを始めてしまいました。

3 空書きで練習

先生は書くのをやめ、子供たちの唱え声に合わせて、用意してあったタンバリンを打ってやりました。

先生は何も指示しないのに、子供たちは楽しそうにからだを振りながら腕を上げて、大きく空書きしています（見ていても楽しくなりました）。

中には立ち上がって〈たてぼう　しゅっ〉のところで、ぴょんと飛び上がる子も出てきました。それを見た先生は全員を立たせました。

「あの子のように、ぴょんと、飛びながらいいましょう」

「今度は、鼻のてっぺんで書いてみましょう」

「あごで書いてみましょう」

「お尻で書いてみましょう」

子供たちは言われるとおりに、顔を動かして鼻で書いたり、あごを動かして書いたり、お尻を突き出して、その突き出したお尻で、面白そうにリズムに合わせてからだ中を使って唱えていました。

4 書きの練習

「では、練習の紙を配ります。さあ、鉛筆を持って！ 元気な字を書きましょうね」

と言って、先生自作の練習用紙を配りました。

先生はタンバリン、子供たちは唱えながら、一字一字書いていきます。そしてその間、数回に分けて、全体の字形、「たまごがた」の結びの大きさや形、「偏」と「旁」のバランスなどに注意させながら、唱えて書かせました。

5 批評と訂正

「○○ちゃんの書いた字を見てください」

先生はそう言って数人の子の書いた字をＯＨＰで映し、それぞれの字の上手なところ、気をつけなければならないところなどを批評させたり、訂正しあったりさせながら、自分の書いた字と比べさせ、自分が気をつけるところを意識させました。

「では、今のところに気をつけて、もう一度書いてみましょう」

と、タンバリンを打ちながら、数回書かせました。

6 清書

「さあ、いよいよ清書ですよ。たくさん練習したから、もう大丈夫ですね。気持ちを込めてしっかりと、大きく、自信をもって書きましょう」

子供たちは、各人が口で唱えながら書いていきました。

7 色塗り

「だいぶ熱心に勉強したから疲れたでしょう。練習用紙の絵に色を塗って、きれいに仕上げましょうね」

清書の終わった子供からてきぱきと、「はみがき」や「はな」など「は」のつくものの絵の色塗りが始まりました。色を塗ることは、文字を書くときの、手首の返しなど、運筆の練習に効果があるのです。

（このあと、時間があったら「ほ」を教えてもいいかなと思っていたのだそうですが、わたしとの話し合いのためにここで終わりにしたのだそうです。）

8 〈まとめ〉ことば集め

「『は』のつくことばを集めましょう」

「はと」「はし」「はいしゃ」などと、声があがりました。

「ノートを出して書きましょう」

先生は黒板に、子供たちはノートに、次々出てくる「は」のつく言葉を書いて行きます。まだ習っていない字は○を書いて文字の代わりにさせていました。例えば「は○○き」（「はみがき」のこと）といった調子です。

9 授業を参観しての感想

子供たちは一年生に入学したばかりの五月なのに、こんなにも充実した四五分間が過ごせるものかと驚いてしまいました。

どの子も気を抜く暇もないくらい「自分自身が勉強したんだ」という満足感にあふれた授業でした。子供たちの顔が生き生きしています。参観していて、快い緊張感と充実感を味わった四五分間でした。

子供たち一人ひとりが、主体的に学習に参加する授業というのはこういうものだということを、つくづく思いました。

入学したばかりの子供たちを、これだけの短期間で、学習意欲を引き出し、授業に集中させる業《わざ》、そして、流れるように指導のポイントをつかみながら学習が進む授業、この教室で学ぶ子供たちは幸せな子だと思いました。

これがまさしくプロの授業でした。

第二章

教え上手になるために

ひらがな・カタカナの教え方

1 教える前に知っておいて欲しいこと

始筆と点画の方向

「む」という字を考えてみましょう。たったこれだけの字でも、この一字の中には書き始めてから書き終わるまで一貫した筆の流れがあります。ですから、どこから書き始めてもよいというわけにはいきません。

文字の書き初めを「始筆」といい、書き終わりを「終筆」といいますが、この始筆と終筆はだいたい字によって決まっています。漢字などは二通りも三通りも書き順のあるものがありますから、一つだけとは限りませんが、ひらがな・カタカナはだいたい一通りしかないようです。

ところが、最近は、自己流で文字を覚えてしまう子供が多くなりました。そうした子供の中には間違った書き順を身につけてしまった子供もいます。わたしの知っている子でいえば「ぬ」を書くのに「ぬ」を書いてから最後に「、」を書くとか、「ら」を書くのに「ら」を書いてから「てん」を書くなどという子がいます。

なぜ、こうしたことが起こるのかといいますと、子供には、「自分の目に付いたところから書き始める」という習性があるからだそうです。

とくに書き順を間違いやすいのは、次の一四字です。

「は」「ほ」「け」「に」「め」「せ」「も」「と」「よ」「ら」「え」「う」「や」「ふ」

わたしにわかっている主な特徴を列挙してみましょう。

①「は」「ほ」「け」「に」「め」「も」「と」「よ」「ら」「え」「う」「ふ」は、第一画の始筆部分を最後に書く傾向があります。
「せ」と「や」は三画目の**〈たてまげ〉**や**〈ななめぼう〉**を第一画の次に書く傾向があります。

②**〈てん〉**や短い**〈ぼう〉**のある字は、とくに書き間違いやすいようです。
「め」「せ」「も」「と」「よ」「ら」「え」「う」「や」「ふ」などです。

ひらがなには**〈てん〉**を含む字が一一字ありますが、この**〈てん〉**は子供にとっては曲者のようです。

書き終えてみれば同じような**〈てん〉**ではありますが、いつ書くのかという違いがあります。
◆始めに**〈てん〉**を書く字………う・え・ら・ふ
◆途中で**〈てん〉**を書く字………な・や・ふ
◆終わりに**〈てん〉**を書く字……お・む・か・ふ

③カタカナですと、「ヲ」を書くのに、「フ」を書いてから**〈よこぼう〉**を書く子がおおぜいいますし、「ソ」と「ン」、「ツ」と「シ」、「ユ」と「コ」、「ワ」と「ク」などの字形の違い、点画の方向の違いは、とくに教えるのに苦労するところです。「ミ」と「シ」、「チ」と「テ」などもそうです。

このように、点画の方向と字形とは密接な関係があります。最近、カタカナがきちんと書けていない大人も多いようです。わたしもある量販店で写真の焼き増しを頼んで、控え書兼預かり書を渡されたのですが、「ツモムラ様」と書かれてあって面食らったことがありました。また、南国の観光地でしたが、おみやげ屋さんで観光案内の地図を探していたら、手作りらしい素朴な観光地図がありました。ところが、それには「観光マシプ」と書かれていて、同行者と笑ってしまったことがありました。

ちなみに口唱法では「ツ」と「シ」は次のように唱えながら書きます。

◆ツ……よこに　てん　てん　ななめに　ぴゅう

◆シ……うえから　てん　てん　もちあげ　ぴゅう

これなら「シ」なのか「ツ」なのか、区別がつかないといった書き方（字形）にはなりません。

ところで、ひらがなでもカタカナでも漢字でも、文字の始筆は四種類しかありません。このことも子供に教えておくとよいでしょう。あなたの姓は、どれから書き始めるのでしょうか。

①たてぼう（｜）から書き始める……上・円・光・長など
②よこぼう（一）から書き始める……下・元・耳・平など
③ななめ（ノ）から書き始める……我・角・公・毛など
④てん（丶）から書き始める……衣・卒・広・率など

始筆		ひらがなの字数と例	カタカナの字数と例	教育漢字の字数と例
①	たてぼう（｜）	11字 けしに	5字 トリレ	145字 上山口
②	よこぼう（一）	24字 あおさ	22字 アエオ	232字 下木春
③	ななめ（ノ）	6字 くぬの	12字 イクケ	303字 人生糸
④	てん（丶）	5字 うえふ	7字 ウシツ	236字 文字育

右のひらがな、カタカナ、漢字の始筆別字数表を見てください。

日本の文字は、よこぼう（一）から書き始めるものが多いことが分かります。教育漢字の二割強、ひらがな、カタカナではおよそ半分（二四字と二二字）が、よこぼう（一）から書き始める字なのです。

わたしたちは、子供に書き順を教えるとき、「たてぼうで……」とか「よこをかき……」などと、唱えさせながら書かせることを提唱していますが、文字を覚え始めた幼児や一年生に「たて」「よこ」をしっかりと指導しておいて、「たてぼうで」とか「よこをかき」などと唱えさせるとよいことがおわかりだと思います。

ひらがなを美しく書く六つのポイント

文字指導では始筆というものがあり、それぞれの字の書き始めを知ることが大事だということを述べてきました。美しい字を書くためには、そのことと同時に「形を整える」ということも大事だということを覚えておいて欲しいと思います。いわゆる文字のバランスです。

書写指導では「字配り」などといっています。均整のとれた美しく見せるための文字の大小や並べ方、文字の配置の仕方などを「字配り」といいます。しかし、「字形」の指導は案外おろそかにされがちです。

字形を整えるには、どこに余白を作るか、どこを広く見せるかなどといったコツがあります。例えば、「む」のふところは広くする、「お団子一つ分あけましょう」とか、「ひ」のおなかの袋は「卵をななめに」とか教えることによって、ひらがなの形は整ってきます。

そうした字形を整えるための要素の一つとして、次に述べる「終筆の処理の仕方」を教えてください。これが案外と「しっかりしたうまい字」を書くコツの一つなのです。

「終筆の処理の仕方」には、筆遣いの上で「とめ」「はね」「はらい」の三つがあります。

これを口唱法では、次のように指導するようにしています。

✤ポイント①「しゅっ」

例 い……ななめで　しゅっ　むかいに　とん

「しゅっ」は（跳ね）ることを意味します。「い」という字は第一画の終わりを跳ねることによって第二画への流れを作ります。ですから、「ななめで」の次に「しゅっ」といって第二画の書き始めの方向に向かって鉛筆を跳ねさせ、「むかいに　とん」と筆をおさめさせます。これが美しい字を書くコツの一つです。

「い」が縦型の字形だとすれば、「こ」は同じ手法を持った横型の字だといえます。

「こ」は「よこぼう　しゅっ　すくって　とん」と唱えさせます。

「しゅっ」を含むものには、「い」のほかに「き　け　こ　さ　た　に　は　ほ　り」などがあります。

✤ポイント②「ぴゅう」

例 し……ゆっくりと　たてぼう　おろして　まがって　ぴゅう

「ぴゅう」は「払い」を意味します。「し」の場合、この字を子供になんの注意も与えずに書かせてみてください。きっと「払い」の部分を止めてしまうでしょう。それを防ぐのに「ぴゅう」と唱えさせます。

口で唱えることによって、曲げて持ち上げてから、筆をスウーッと払うようになります。「も」も同じ要領で書いたあと、二画目の**〈よこぼう〉**に続いていきます。

「あ」「お」などの字は、グルッと回す部分を書くとき、時計の文字盤でいうと二時か三時のあたりで止めてしまって五時までもっていけない子供がいます。そういう子供には「ぴゅう」といいながら払うコツを会得させるとうまく行きます。

「ぴゅう」を含むものには、「し」のほかに「あ　う　お　け　す　ち　つ　の　め　も　や　ゆ　ら　り　ろ　わ」などがあります。

✤ポイント③「とん」

例 こ……よこぼう　しゅっ　すくって　とん

「とん」は「止め」ることを意味します。文字を書くとき、止めるべきところがきちんと止めてないと、だらしない字にみえます。「こ」の場合も同じです。二画目の終わりが「とん」ときちんと止まらず、筆が流れてしまうと字形が崩れてしまいます。ですから、「とん」と唱えると同時に、そこで筆をきちんと止める意識を持たせるのです。

これが出来れば「に」はそれの応用ですし、「さ」や「き」なども見違えるようにきれいに書けます。

「とん」を含むものには、「こ」のほかに「い　え　き　く　さ　せ　そ　た　て　と　な　に　ぬ　ね　ひ　へ　ほ　ま　み　よ　を」などがあります。

✤ポイント④「ななめで　もちあげ」

例 の……ななめで　もちあげ　まわして　ぴゅう

「ななめで　もちあげ」は「の」の系統の字、すなわち「あ」や「め」などが持つ、斜めぼうからぐるっと回す部分に入るところの筆の使い方、手首の返し方の要領を表したものです。子供の書いた字をみると、この部分がただ大きく丸めて書いてあるために、字形が崩れる欠点が表れます。

ここでの要領は「ななめで」で時計の文字盤の一二時か一時のあたりから中心を通って七時まで引き、そして「もちあげ」で七時から八時まで持ち上げさせて、そのあと「まわして　ぴゅう」で五時まで回させることです。この八時まで持ち上げさせるコツが「もちあげ」です。

「ななめで　もちあげ」がしっかり出来て「の」が上手に書けるようになると、「あ」も「め」も上手に書けます。

「ななめで　もちあげ」を含むものには、「の」のほかに「あ　お　ぬ　み　め」などがあります。

✤ポイント⑤「たてのしりふり」

例 よ……よこに　ちょん　たてのしりふり　たまごがた

「たてのしりふり」は「よ」の系統の字が持つ、たてぼうから続いてまるめる部分（結び）へ移行する前の書き方のコツを意味します。

子供は案外「たまごがた」（結び）が書けないものです。子供の書いたものをみると、まん丸くなったり、丸が上に上がった形になったり、終筆が長すぎて尻尾《しっぽ》のようになったりして、なかなかうまくいきません。

この部分を上手に書かせるにはどうしたらよいのでしょうか。

筆が「結び」にはいる前の「たてぼう」の書き方、すなわち、右に少しゆすることが必要になります。このコツが「たてのしりふり」なのです。この基本になる「よ」が上手に書けるようになると「ま」がすぐ書けますし、「は」も「ほ」も楽に書けるようになります。

「たてのしりふり」を含むものには、「よ」のほかに「ま　は　ほ　ぬ　ね」などがあります。

✤ポイント⑥「たまご・たまごがた」

例 ま……よこ　にほん　たてのしりふり　たまごがた

「たまごがた」は「よ」や「ま」などが持つ「結び」を書くコツを表したものです。ひらがなの「結び」には二つの形があります。一つは「よ　ま　は　ほ　ぬ　ね」などの字に表れる結び「たまごがた」です。もう一つは、これらほど卵形でない「す　な　む　る」などの結びです。

本当は、これらの区別をつけるように書くのがよいのでしょうが、子供の場合はそこまで要求することは出来ませんから、一括して「たまご」または「たまごがた」と呼ぶことにしています。

団子状にしないで楕円《だえん》にして、終わりをしっかり止めさせる工夫です。「る」や「な」などは、この結びの部分が逆三角形になるのがよいようですが、こうした形に作ることが出来るようになる前は、「たまごがた」でよいのだと思います。

字形を見ながら何度も書いて、書き慣れてくれれば、さらには毛筆や硬筆の書写の教科書によって学習を進めるようになれば、追々、学んでくることだと思います。こうしたところも、観察力と書き慣れによって克服し、上達していきます。

「たまご・たまごがた」を含むものには、「ま」のほかに「す　な　ぬ　ね　は　ほ　む　よ　る」などがあります。

このような考え方で基本になる要素をもとにして、指導の系統を作りました。次の表です。

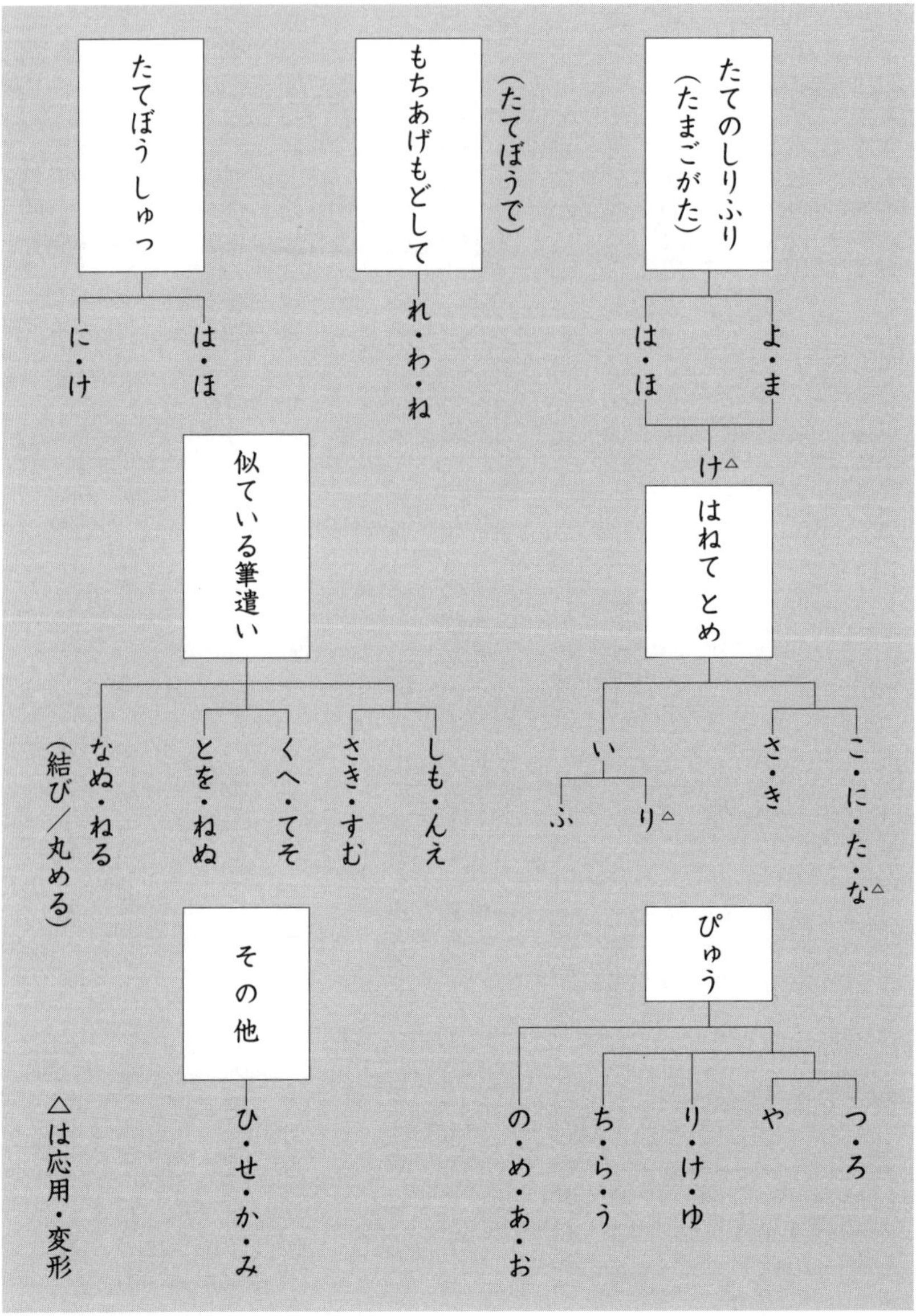
たてのしりふり（たまごがた）
よ・ま
は・ほ
け△
はねてとめ
こ・に・た・な△
さ・き
い
り△
ふ
ぴゅう
つ・ろ
や
り・け・ゆ
ち・ら・う
の・め・あ・お
もちあげもどして
（たてぼうで）
れ・わ・ね
似ている筆遣い
し・も・ん・え
さき・すむ
くへ・てそ
とを・ねぬ
なぬ・ねる
（結び／丸める）
その他
ひ・せ・か・み
たてぼうしゅっ
は・ほ
に・け
△は応用・変形

②教え上手の準備や練習

正しい姿勢と座り方

「読むこと」はかなり抵抗なく出来るようになりました。声に出してすらすらと淀《よど》みなく読んでいます。そればかりか、このごろはしきりに書きたがっています。「これ〈ひ〉でしょう」「これ〈ま〉でしょう」と自分の書いた字を見せに来るようにさえなりました。勝手に書かせておいてよいものでしょうか。こんな質問をされたこともありました。

わたしにはちょっと危険な感じがします。どうしてか、読めるようになったとはいっても、しっかりと、一つひとつの字を理解したのでしょうか。形は似ていても、この字と、別の字との区別はついているのでしょうか。例えば、「こぬかあめ」と書いてあるとき「こめかあめ」と読んだりしないでしょうか。あるいは、「ねる」を「ぬる」と書いてあったとき、「あっ、これは間違い字だ、〈ぬ〉ではなくて〈ね〉なのにね」などと、その間違いを指摘できるほどになっているでしょうか。

完全に読めるようにならないうちに、書く練習をさせないでください。文字の練習は「読む→書く→使う」という段階を経るように仕向けていただきたいものです。「書き」を急《せ》いてはいけません。あとで後悔するようになります。鏡文字を書いたり、思いもしない書き順を身につけてしまったり、そうなってからではその子の間違って覚えた部分の修正に、親も子も、そして学校に入ってから教師までもが苦労します。

「書き」の練習は、「完全に読むことが出来るようになってから」と覚えておいてください。完全に読めるようになりさえすれば、入学間近になってからでもすぐ書けるようになります。大丈夫です。それまでにたくさん文字を見させ、絵本を読ませるようにしてください。

そして、「書き」の練習に入る段階になったならば、お母さんと一緒にやってください。そうしたときに、教え上手になるために幾つかの必要な注意があります。参考にしてください。まず、文字を書くとき気をつけなければならないのは「姿勢」です。姿勢が正しくなければ、お母さんのねらいとしている、「美しい文字を書く」ことはかないません。正しい姿勢で書かせるためには、子供の座る机と椅子の高さを調節してやりましょう。入学を控えて新しく買うのなら、子供の身長や座高に応じて調節可能なものを買いましょう。

まず、お子さんを椅子に腰掛けさせてみてください。

上体は自然に伸ばし、ひざから下もほぼ垂直におろさせます。このとき、足の裏全体が床に着くくらいの高さがよいでしょう。

机の高さは、座ったままのひじの高さです。子供の両腕（下腕部手首の辺り）が無理なく机の上に乗るくらいがよいでしょう。高すぎたり、低すぎたり、足がぶらぶら遊んでいるようではよくありません。

また、背が椅子によりかかるほど深く腰掛けたり、机にぴったりとからだ（胸部）がつくほど椅子を引いたりするのはよくありません。机とからだの間に、軽くにぎった握りこぶしが一つ入るくらいの間をあけるのがよいでしょう。

鉛筆の持ち方

鉛筆の持ち方、箸《はし》の持ち方など、早いうちに正しい持ち方を教えておかないと、大人になってもスマートな持ち方が出来ません。幼児には長い鉛筆を持たせてはいけません。新しい鉛筆を与えるのなら、半分に切って、二本にしてその片方を与えましょう。

①鉛筆を握る位置は、鉛筆の芯《しん》の先から二、三センチ上くらいのところに、中指の第一関節が来るようにさせるのがよいようです。この位置が下すぎても上すぎても持ちにくいし、文字を書きにくくなります。

②親指の先と人差し指の先が向かい合うようにします。親指が人差し指の中に入ったり、人差し指の上に乗って重なったりする持ち方をしている人がいますが、こうした持ち方は手首が疲れますし、よい字も書けません。

③親指は下の紙面と平行にするとよいでしょう。また、鉛筆と紙面との角度は六〇度か

ら七〇度くらいになるように傾けて持つとよいでしょう。紙面に垂直になっても反対に寝せすぎても書きにくいものです。

④どの子もそうですが、はじめは、子供は緊張と不慣れのせいで、つい鉛筆を硬く握ってしまうものです。親や指導者がそばにいて「本格的に文字を書く」というだけでも心理的不安や圧迫感があるのですから、鉛筆の持ち方に慣れるまでは文字を書かせないで、線や絵を書いて練習させましょう。

鉛筆を正しく持って、縦にも横にも、長くも短くも自由自在に線が引けるようにさせましょう。丸や三角も上手に書けるでしょうか。線はゆがんだり曲がって変な四角になったりしないでしょうか。手首の使い方も練習させたいものです。筆記用具が抵抗なく使えるようになるまでは、文字を書く練習はさせないでください。

⑤鉛筆の動かし方を「運筆」といいます。この運筆がスムーズに行くかどうかが、これまた字を美しく書けるかどうかの分かれ道になるのですから、書かせることをあせらないでください。

幼稚園などでは小さいときから、クレヨンなどで線や絵をたくさん書かせます。そうした練習を積み重ねた後、年長組になって初めて鉛筆を持たせます。そのような幼稚園や保育所は良心的です。文字指導もしっかりとした教え方をしてくれるでしょう。

鉛筆を使う前には新聞紙でも、不要な雑誌でもよいのですが、そうしたものにたくさんのグニャグニャの線を書かせたりして遊ばせます。こうしたことは、文字を書く活動に入る前の段階でとても大切なことなのです。

⑥最後に左手についてもふれておきます。鉛筆を持つのは右手ですが、左手はどうしておけばよいのでしょうか。この左手の使い方を教えておかないと、せっかく机や椅子の高さを調節しても、上体が曲がったりして姿勢が悪くなります。そうなると、将来、中学年・高学年になったとき、長時間、椅子にも座れなくなります。学校の授業参観などで見ている方もいるでしょうが、一時間の授業がもたない子がいます。座っているのが苦痛で、机にうつぶせたり、ひじをついたりします。我慢が出来ないのです。はじめの指導や訓練が出来ていなかったのです。

困るのは親や教師ばかりでなく、本人が一番不幸です。読むのはともかく、文字を書く練習はあせらないでください。じっくり、じっくり育てていってください。

さて、左手は指を全部そろえさせます。そして、その手を左胸の前、体の近くに置かせてください。そして、机の上にノートなり、紙なり、書くものを置き、その紙をきちんと押さえさせます。この手の位置は常に鉛筆を持っている右手より、自分の近くにあるようにします。これも習慣ですから徹底して練習させてください。左手を遊ばせているようでしたら、常に注意を与えてください。箸の持ち方を習慣づけるのと同じくらいの根気が要ることです。

⑦用具の準備についての項を設けませんので、ここで筆記具について触れておきましょう。

鉛筆の持ち方について書いてきましたが、文字の練習のはじめはクレヨンがよいでしょう。幼稚園や保育所などでクレヨンを使わせるのは運筆訓練のためもありますが、芯がやわらかいほうが書くのに抵抗が少ないからです。字形がしっかり身についてから鉛筆に代えるくらいがよいのです。

◆鉛筆の芯は硬すぎても軟らかすぎてもよくないようです。はじめは4B、次第に2BからHBあたりを基準に選んでください。大きな字を書かせるのなら、4Bがよいかもしれません。

◆あまり削り過ぎないでください。そして芯をとがらせすぎないでください。鉛筆削り器で削ったままの芯ですと折れやすく、思うように筆圧がかけられません。そのために子供はこわごわ書きますので、弱々しい字になってしまいます。削ったあと、芯の先を紙の上で動かして、丸く滑らかにしておいてください。芯は細くしようと思わず、丸くしておくのがよいのです。

◆慣れてきたら、鉛筆ばかりでなくフェルトペンなども試みてみるとよいでしょう。書き味が筆のタッチに近く、書き慣れてくると筆圧の変化を利用しやすくなり、「しゅっ」の「はね」、「ぴゅう」の「払い」、「とん」の「止め」などがきれいに出来るようになります。これらのコツを実感できるメリットがあります。ただし、下に別の紙や下敷きを敷いて使わせないと、机にしみがついたりしますので、ご注意ください。

◆幼児の文字練習に、「ボールペンはどうでしょうか」という質問がありますが、鉛筆を削ってやるのが面倒だとか、鉛筆削り器を買ってやったとかで、そうしたものを使わせると、すぐに鉛筆がなくなってしまう……などということもあって、面倒を避けるためにボールペンを使わせようと思う人がいるようですが、ボールペンはあまりお勧めではありません。

運筆練習のために役立つヒント

（1）次のような線を子供の目の前で書いてなぞらせてください。いろいろな線を工夫してください。山型の線、渦巻きの線なども出来ると思います。

♪チョウチョが　ひらひら　ひいら　ひら　………（波線）

♪みつばち　ぶんぶん　ぶーん　ぶん　……………（螺旋《らせん》）

♪かえるが　ぴょんぴょん　ぴょーん　ぴょん
………………………（ぴょんぴょん線）

♪ボールが　ころころ　転がった
………（ぐるぐる線・上からの線や下からの線なども）

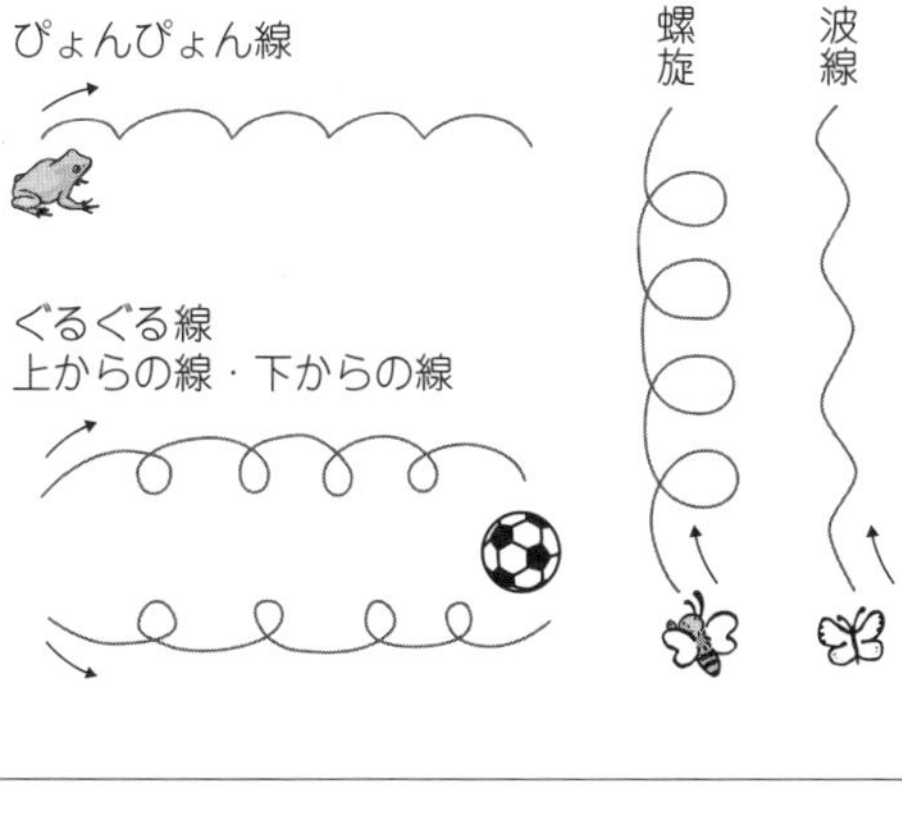

(2) 二本線で道路を書きます。幅を広くしたり、狭くした中を重ならないように、はみださないように、一筆で通過させる練習です。

♪じどうしゃ　ブー　ブー　まっすぐ　ブー
カーブで　じょうずに　まがって　ブー
さかみち　のぼって　くにゃ　くにゃ　ブー
こんどは　くだりだ　ゆっくり　ブー

船や、寄せては返す波、飛行機、風船などいろいろ想定して作ることが出来ます。これは、お母さん、お父さんの情熱と愛情、そして童心、遊び心です。

(3) 動物が好きな子でしたら、こんなのはいかがでしょうか。まず、紙に丸い池を書きます。

♪いけから　かおだし
かえるが　ぴょん
おにわの　おさんぽ　あっちへ　ぴょん
ぴょんぴょん　ぴょんぴょんぴょん
こっちへ　ぴょん

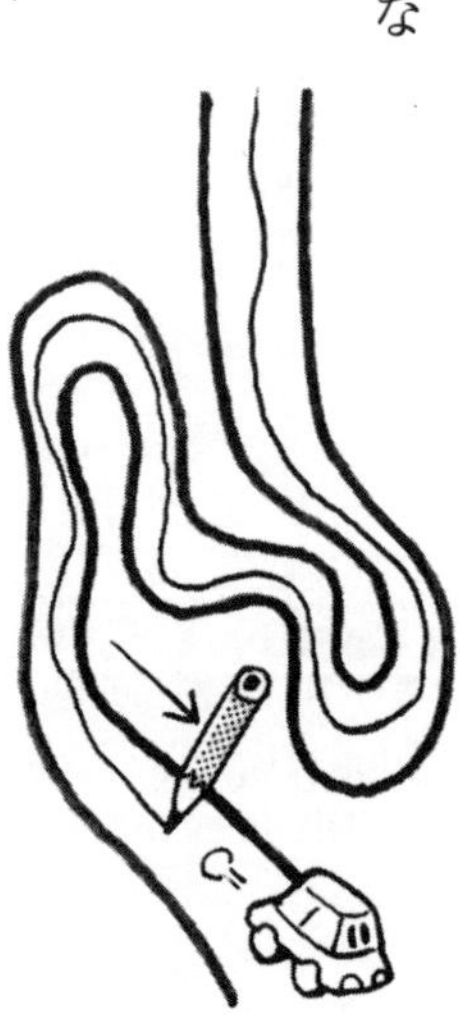

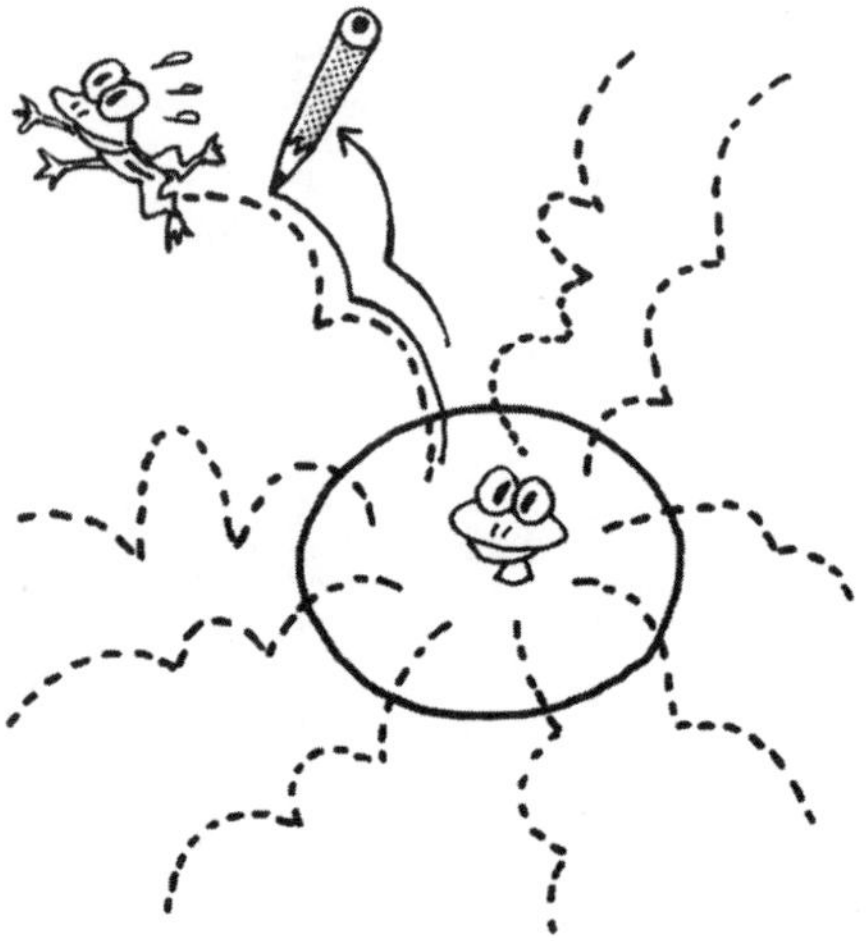

池から出てきたかえるが庭を歩き回ることにします。ぴょんぴょんと飛び回った足跡を、点線で書いてあげるのです。その点線をそのとおりになぞらせるのです。

バッタで作ったり、飛行機で作ったり、いくらでも応用がきくことでしょう。ご自分の童謡創作だと思って、新作をたくさん作って、節（メロディ）をつけてください。こうしたことの積み重ねが大事です。こうして抵抗なく手首が動かせるようになり、鉛筆の筆圧の程度が理解出来るようになるころには「な　さ　き」などの斜めの線や、「そ」のそりの線、「む　ぬ」などの丸めなどが上手に出来るようになります。

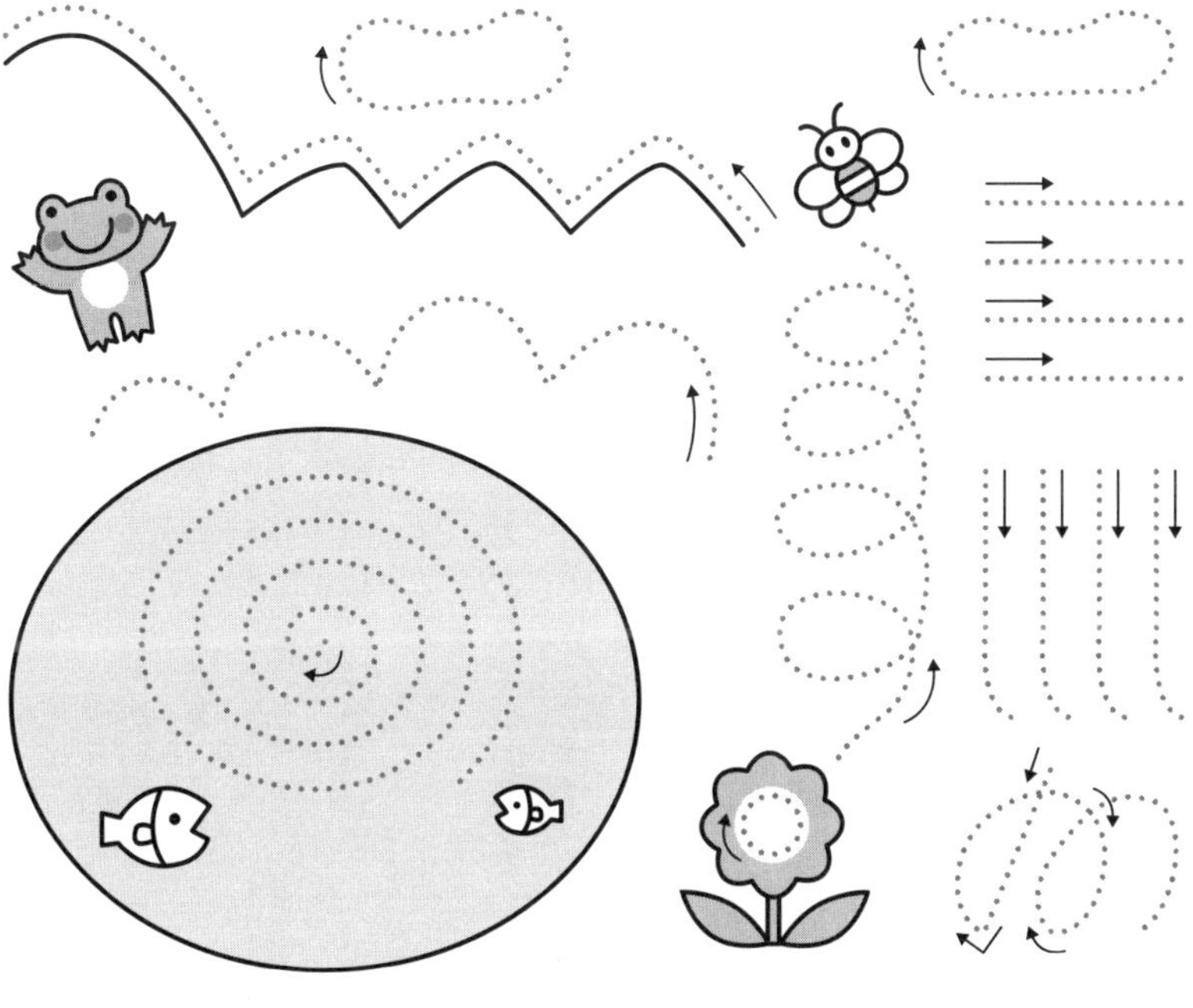

3 教え上手の五か条

(一)そばについていて教える

はじめに登場してもらった美紀ちゃんとは別の、もう一人の知り合いの息子さんの話です。

この人の家庭には、幼稚園年長(六歳)の坊やと乳児がいました。わたしがお邪魔したときのことです。

幼稚園児の彼は私たち大人が話しているそのそばで、カレンダーの大きな紙の裏にクレヨンで飛行機や車の絵を書いていました。そのうちにカタカナの練習ドリルを持ってきて、鉛筆でそのドリルをやり始めました。わたしは、「鉛筆の持ち方がおかしいな」と思いながら、ちらちらと見ていました。

そしたら、母親も気がついたのでしょう。「また、鉛筆の持ち方が違うでしょう」と叱ったのです。「書き順もでたらめで、何度いってもだめなのよ」と私にこぼすものですから、はじめは得意げにやっていた彼も、そそくさと片付けて奥の部屋へ行ってしまいました。彼女は口だけの注意で、自分の子供のしつけをしているつもりなのです。

どんなことにでもいえることですが、とくに幼児の文字指導については、心にとめておいてほしいことがあります。それは、相手が幼児だということです。まだ、この世に生を受けて四、五年しかたっていないのです。いつでも親の保護のもと、愛情を感じながら自然の形でいろいろなことを覚えていってほしいのです。文字についても同じです。子供の進歩に合わせて、鉛筆の持ち方、紙上の手の置き方、書き順、書くときの姿勢……そうした基本となるものが子供の身につくまでは、そばについていて教えてやってほしいものです。

そうした上で、時々それらを確かめてやる、ということもしてほしいものです。自己流の悪い癖がついてしまうと、あとで子ども自身、そして親までが苦労をすることになります。親がはじめに鉛筆の持ち方を教えたつもりでも、その後ほったらかしにしておけば子供は次第に自分流の持ち方に変えていきます。こうしたことは鉛筆のことばかりではないのです。「転ばぬ先の杖」といいますが、親がそばについていて教えてやることが大切です。

(二) 練習時間は二〇分以内に

現在の小学校の授業は、一時限を四五分にした授業です。先生はこの四五分をいかに集中して楽しく効率的に教えられるかと、日々研修や研究を重ねます。「プロの教え方をのぞいて見ると」の項(四四ページ)でも書きましたが、一年生の場合、この四五分をいくつかに区切って変化のある活動が行えるように組み立てていました。

考えさせたり、調べさせたり、発表させたり、書かせたり、立たせたり座らせたり、子供が疲れないよう、飽きないように、そして何よりも、着実に学習が身につくように工夫します。

大人でも集中して机に向かっていると、とても疲れます。まして、幼稚園に通っているとはいえ、入学前の幼児です。書き方を教える集中した時間は長くならないようにしたいものです。一回の練習時間があまり長いと子供は疲れていやになります。注意も散漫になり、親に叱られるようになります。仕事が雑になると教えているあなた自身も叱りたくなってしまいます。挙げ句のはては決まっています。「文字の練習、きらい！」と。

一回の練習時間は、このころの子供でしたら、二〇分くらいが適当でしょう。大事なのは少しずつ、毎日続けて練習することです。長い時間やったからといって、効果があがるわけではありません。子供の、そのとき、そのときの気分の状態を見ながら、早めに切り上げたり、少し伸ばしたりと、臨機応変にやるのがよいでしょう。

もう一度繰り返しますが、出来るだけ少しずつ毎日続ける習慣を培うことです。

(三) 変化をつけ、量を多くしない

いつも、いつも机に向かわせて、いかにも「お勉強です」といったやり方は、一見よいように思えるかもしれませんが、これでは子供は勉強の楽しさを失ってしまいます。練習の仕方に変化をつけましょう。

ことに、口唱法の勉強は、机に向かわなければ出来ないといった方法ではありません。おさらいならばお使いの行き帰りでも、お勝手の洗い物をしながらでも、あと片づけをしなが

らでも出来るようになっています。はじめて教える字は紙の上できちんとやる必要がありますが、覚えたら公園のベンチでも出来ますし、大きな空に向かってのびのびと指で書かせるのでもよいでしょう。お風呂の中で、親子で背中に指書きして何という字か、あてっこして遊ぶのも立派な勉強です。

子供が常に興味や関心を持ちながら出来るように工夫してください。子供にとって、文字の練習は遊びの延長です。親も肩の力を抜いてそのつもりでやっていくと、案外効果があったということになるかもしれません。

「(一)**そばについていて教える**」の例であげた男の子、あの子は文字を書くことに興味を示したので、親が喜んでひらがなドリルの次にカタカナドリルを買って与えたのだそうです。ところが、驚いたことに、親はとっくにひらがなは書けるようになったと思っていたのに、定着していなかったのです。

わたしにほめてもらいたくて、わざわざわたしの目の前で書いて見せていたのですが、わたしが見たときは、鏡文字もいくつかありましたし、鉛筆の握り方も「これではなあ」と思ったほどでした。きちんとした「確かめ」もしないで、わが子を信じるのも、そして詰め込みをするのも、考えものです。

反復練習は必ずやるようにすることが大事です。この場合は親がきちんと親の目で見てやることです。

それよりも、毎日の練習でやる方法としては、次のことを守っていれば成功だと思います。

①はじめに、今までのおさらいとして二字程度。

②当日の勉強分が一字、これは読みばかりでなく、書き順をマスターする、バランスのとり方を知る、止め、跳ね、払いなどを正確に書く、などということまで入れます。かなりの時間を要します。

③時には、それまでに習った字を使って「言葉」を書かせるなどをもよいでしょう。文字を覚える喜びを味わいます。「あさひ」「あり」などと書けるようになった喜びは、次の学習への意欲につながります。

(四) ほめながら楽しく教える

勉強を見てやるとか、注意してやることは大事ですが、注意ばかりしていたのではいけません。親子喧嘩になるのは、えてしてこうした結果なのです。とにかく親が教えると感情的になりがちです。何にも知らない子を、出来るようにさせるのですから、根気も要ります。プロの学校の先生の替わりをあなたがしようというのですから、教え方のテクニックを少しは工夫することも大事です。

同じ注意するにしても、子供の持つ競争心をうまく利用するとか、上手に出来ているところを先にほめておいてから、「ここもこうするとよくなるよ」などと教えてやるのです。成功感を味わうような持っていき方、これが出来ればやる気が出てきます。「ずいぶんしっかり書けたわ」「昨日よりこんなによくなったねえ」などと、はっきりと進歩がわかるようなほめ方をしましょう。

マルをつけてやるにしても、単なる丸でなく、花マルにするとか、色紙で花の形を作って貼ってやるとか、子供が喜ぶような工夫をしましょう。

子供は自分が一生懸命に書いたものを壁に貼ってもらったり、「〇〇チャンが今日書いたのよ」といって、家族に紹介し、お父さんや祖父母にほめてもらったなどということがあるとうれしくなります。それが「明日もがんばろう」という意欲につながり、「お母さん、明日もやってね」という言葉になって表れるのです。

こうした言葉（「文字を書く勉強」、そういっても実際は「文字書き遊び」です）が子供の口から出るようになれば、あなた自身、立派な「お母さん先生」（もちろん、「お父さん先生」でもOK）だと胸を張ってよいでしょう。

「だめねえ」などという言葉は、絶対に教えながらは言わないでください。いらいらした言葉や態度、そしてため息なども禁物です。

（五）機会を多くする

文字を練習する機会は、机に向かっているときばかりではありません。ことに、あなたは口唱法という口で唱える方法で教えようとしているのですから、なおさらです。

口唱法は、紙や鉛筆がなくても、いつでも、どこでも出来る方法です。公園を散歩しながらでも、お使いに行きながらでも、お風呂の中でも、電車に乗っているときでも、時も所も選びません。道端の看板の字を読ませたりして字を覚えさせてしまったというお母さんがいましたが、頭のよいお母さんです。

男の子ですが、おしっこをしながら口唱法で便器の中に字を書くので、お母さんがいつも新聞紙を敷き詰めておいたという話を披露してくださった方もいました。わたしにはこの子の行動がうなずけます。そうしたくなるものなのです。

かと思うと、口唱法の絵本を毎日子供と一緒に見ているうちに、お勝手仕事をしながら口ずさんでいる自分がいて、おかしくなって笑い出したと報告してくれたお母さんもいました。これは、口唱法が、時も場所も選ばず、口をついて出てきて、知らず知らずのうちに反復練習をしている姿なのです。

子供がやる気になっているその機会をとらえて文字練習をさせる、そうした機転の利くお母さんになることが賢明な母親になることなのです。

この口唱法で、すでに、子供に文字を覚えさせたお母さん方はたくさんいます。こうした方々の経験談に耳を傾けるのも、口唱法を利用する上で大いに役立つことだと思います。

◆乱暴な字を書いていた子なんですが、口で言いながら書くようになったせいか、ノートに形のよい字が書けるようになりましたね。

◆お風呂の中で父親が「たてぼうしゅっ　よこにほん　たてのしりふり　たまごがたってなあんだ」と言われても答えられなかったものですから、息子ったらすっかりいい気になって、毎晩お風呂に入りながら、父親は勉強させられているんですよ。

◆幼稚園なんですが、「先生がタンバリン叩いてくれたり、口やお尻で書いたりもするから字の勉強、好きなんだ」って言ってますよ。

◆私たちが習ったころとずいぶん違い、文字の書き方もリズミカルで、覚えやすいやり方があるんですね。楽しく授業を受けている様子がよくわかり、安心しました。

第二章

文字を教えるということ

ひらがな・カタカナの教え方

1 言葉で考え、言葉で知る

「知識は力なり」とか「名言は力なり」などと言います。このように、よく「○○は力なり」という言い方をしますが、「知識」とか、「名言」などは、ときにわたしたちに生きる手立てを与えてくれますし、生きる上での支えというか、拠り所（こうしたものを「力」というのでしょうが）になることがあります。

物をよく知り、知識を得ようと思うならば、言葉をよく知ることが必要です。言葉が豊かになれば、それぞれの考えを伝え合い、受け取り合うことが出来ます。それは、場所を隔てていようとも、時を隔てていようとも可能なことです。

また、言葉が豊かになれば言葉の伝え合いや知識に役立つだけでなく、「考え」も身についてきます。人間の考えは、主に言葉によって成り立ち、言葉によって進められるものだといわれていることは、ご承知のとおりです。

わたしたちは何かを考えるのに、頭の中で言葉を使い、それを手がかりとして考えを進めているのです。言葉が豊かになれば物事を深く考え、自分の考えを調べなおし、足りないところがあればその部分を補うことも出来ます。こうして考えてみると「言葉は力なり」と思ってしまいます。

それでは、言葉を豊かにするにはどうしたらよいのでしょう。それには言葉を伝達する手段としての文字を知ることです。文字を覚えることによって言葉を覚えることが出来ます。文字を知ることは言葉や知識を身につけるもとになります。何だか堂々めぐりのような言い方になりましたが、初めの言い方（「知識は力なり」とか「名言は力なり」など）を援用して言えば「文字こそが力なり」と言ってもよいと思います。

このように考えを進めてくると、知識を豊かにし、知能を高める教育と、言葉（文字）の教育とは切り離すことが出来ないことがわかります。

子供を観察してみるとわかりますが、子供は（時には大人もそうですが）、何か考えているとき、ぶつぶつ一人ごとを言っています。また、無言でいるようなとき、発声を伴わない言葉（これを「内言」とか「内言語」といいますが）によって、この子は今何か考えているんだなと感じるときがあります。こうしたときは言葉（内言）を通して考えているのです。子供が言葉で考え、言葉で行動が出来るようになると、その子供の認識や思考の世界はより確かなものになっていきます。言葉で考え、言葉で知るというのは、こういうことを指しています。

文字を覚えるようになる前の段階では、人から聞いたり、人と話したりという、いわゆる話し言葉による言語生活（これを「音声言語」ともいいます）を十分にさせるのがよいのです。幼児のころには親とか先生とか、自分の周りの知っている人たちとたくさん聞いたり話したりする体験をさせたいものです。

それは「言葉」による生活というものが、お互いの信頼感や愛情を前提にして営まれているものだからです。そして話し言葉に十分に慣れて上手になることは、将来読んだり書いたりする生活に習熟していく要件として不可欠なものだからです。

また、「おはなし」を聞かせ、たくさんの絵本の読み聞かせをしてやると文字を覚えていきます。文字が読めるようになってくると、当然のことながら、文字によって綴られた文や文章が読めるようになってきます。そうなってくると、子供の話し言葉は磨かれてきます。それと共に思考力が高められていきます。だからこそ、幼児が文字に興味を持ち、文字を覚えようとすることはとても大事なことなのです。

「子供に押し付けで文字を教えるのはよくない」と言います。しかし、「文字を覚えたいという意欲を示したときは、そのときこそが指導のチャンスだ」という人の多いのもうなずけることです。「文字を教える」というのは、教育というより、「子育て」の延長だという考え方です。

ところで、文字指導というのは何を指すかということは、あまりよく知られていません。

言葉を使うとき身につけなければならないのは、言葉を書き表すために必要な文字の「音」「形」「書き順」と、その言葉の「意味」や「使い方」です。文字指導というのは、この両方を教えることではありません。

文字指導というのは「文字の音、形、書き順」を教えることです。ですから、文字指導は「読み、書き」という表現活動の指導であり、日本語教育の一つの分野でしかありません。

文字指導が国語教育という広い言語教育の一つの役割を担っているだけだとはいっても、それが国語教育（日本語教育）にとって、どれほど大事な仕事であるかということについては、だれもが知っていることです。それが文字の教育であり、その文字の教育は、言葉を覚え、豊かにするための、とても大切な基礎指導なのです。それだけに、一字一字を教えるだけでなく、常に言葉と一緒にして指導しなくてはなりません。

❷親にとって、いま必要なこと

絵本を読んでもらうことは、「聞き、話す」という「話し言葉」の活動とは違い、「書かれたものを読む」という「書き言葉」による活動です。したがって、話し言葉と違った文章特有の言い回しや言葉遣いなどがあることを知ることにもなります。読み聞かせをしてもらったり、自分で読んだりしているうちに、自分がそれまでにいろいろな場面で覚えた言葉が洗練されていきます。こうしたことが、将来、本を読んだり文を書いたりする基礎を培うことにもなります。

それればかりではありません。文字で言葉を知り、文字で物を知り、文字で考える習慣が身についてきます。

文字はその国の文化や伝統を伝えます。その子に人間としての生き方さえも伝えます。そうだとしたならば、話し、聞くことを出来るようにしてやるばかりでなく、読み、書くこともマスターさせてやった方がよいに決まっています。

子供の生活はすべてが遊びだといいましたが、遊びの中で話し言葉を覚えていくのと同じように、子どもは遊びの中で文字も覚えていくのです。そして親が文字を覚えさせていくのです。現代は、朝、目が覚めてから寝るまで、子供の周りには文字環境があふれています。子供は知らない間に、そうした環境の中で文字を覚えたがり、そして覚えてしまうのです。

そうした状況の中にある子供たちに、わたしたち親は、どんなふうに手を差し伸べてやればよいのでしょうか。少なくとも、知らん顔をしている、などということは出来ないでしょう。子供の意欲に力を添え、助長してやるのは親の努めです。創意工夫のしどころだと思いませんか。

わたしは次のような先生を知っています。ある小学校での話です。

その学校には合同学年会というのがあり、一年生と二年生の先生方、三年生と四年生の先生方、五年生と六年生の先生方、音楽・図工・家庭科など専科の先生方で、それぞれチームを組んで相談をしあったりしているのです。そうした中で、低学年部会の先生方の申し合わせから起こった出来事でした。低学年部会には「習わない漢字は使わせない」という申し合わせがあったのだそうです。

前年採用されたばかりの一年生の先生（その先生は一年生は初めての受持ちでした）のクラスに絵の苦手な男の子がいました。一度もほめてもらったことがありません。彼はそれが悔しくて仕方がありません。そこで一計を案じました。お母さんに「僕の名前、どう書くの？」と聞いて、自分の名前を漢字で書けるように練習したのです。子供は子供なりに、やはりいろいろ頭を働かすのです。

図工の時間のある日になりました。彼は「センセイできました」と拙《つたな》い絵を裏にして、自分の名前の書いてある方を表に出して先生のところに持って行きました。もちろん、そこに書いてあるのはお母さんに教わった自分の氏名、りっぱな、大きな漢字で書いた氏名だったのです。見たくなくても先生の目にとまります。先生は、即座に言いました。

「あら、名前を漢字で書いてはいけません。ひらがなで書き直していらっしゃい」

彼はがっかりです。絵ではほめてもらえませんから、せめて自分の名前を漢字で……そうすればそれを見た先生が、「あらっ、名前を漢字で書けたの？　偉いわねえ、お母さんに教わったの？」と言ってくれる……それどころか、「○○君は名前が漢字で書けたのよ」と、みんなの前でほめてもらえると思っていたのです。

彼はがっかりしました、すごすごと席に戻り、消しゴムで消してひらがなに書き直して提出したそうです。

この先生が「決めたことは必ず守る」という真面目さだけでなく、もう少し知恵の働く、思考に柔軟性を持った先生だったらと、残念でなりません。

子供の意欲を助長し、子供の成長を助けてやるという努めは、親ばかりでなく教師でも同じです。もしかしたら、このことをきっかけにして、絵は下手でも、漢字を知っていることではクラス一番になって、そのことをきっかけとしていきいきと六年間を過ごすことが出来たかも知れないのです。

この先生には、まだ後日談があります。

ある日、夕方の薄暗くなりかけたころ、学校の帰りに道端で子供が転んで泣いているのを見かけました。その子の親らしい人が、その子の二、三歩前にいます。

「まあ、なんてひどい親でしょう、子供が転んで泣いているのに、起こしてもやらないで!」

こう、思ったそうです。

〈子供が転んだら、そばにいる大人が起こしてやるのが親切というものだ〉というのが、この先生の考え方であり、このときも一途にそう思っていたのです。しかし、その親は**〈自分で起きることを学ばなければならない〉**と、起こしてやりたいのを我慢して、じっと子供が自分で起きるのを待っていたのでした。

子供に対しての親の援助の考え方と、教師の援助の考え方の違いを、わたしはこの話を聞いて考えてしまいました。

親や教師の「援助」というものは、子供と生活を共にしながら、子供が毎日の生活の中で繰り広げるいろいろな活動の中でなされるものです。一人ひとりの子供にとっての興味や関心、その子にいま必要なこと、そういったいろいろなことを見極め、その子にとって必要な体験を積み重ねていけるように環境作りをしてやること、そうしたことが中心になってくるのだと思います。そういう意味でいえば、この幼児の母親のように、わが子だけを見る親の方が援助しやすいといえるかもしれません。

この場合は、この母親にとっての、この子に今必要なこと、今、躾けなければならないこと、それは**〈甘えさせないこと〉**だったのでしょう。泣いている子を放りっ放しで置いていってしまったのではありません。じっと起き上がるのを待っていたのです。知らない人が見ると薄情だと思えるような場面だったのかもしれませんが、このお母さんにとっては**〈我慢〉**という力をつけさせるための、親としての援助の仕方だったのでしょう。そのあとで、起き上がった子をきつく抱きしめて、「よくがんばったわね、えらかったわ」とほめてやったかもしれません。

いつでも集団を対象として見ている教師には、わが子だけを見る親と違って、子供たちの興味や関心が特徴的に見えやすいというよさがあります。それだけに環境も整えやすくなります。しかし、一人ひとりの子供を見誤るということも「無きにしも非ず」です。

子供は遊びの中でどんなことをするのでしょうか。

子供たちは遊びの中で、その遊びに応じたルールを作りながら遊びます。そして不都合なところが出てくればそれを直してまた遊ぶといったように生活しています。その過程には、子供同士の協力があり、危機があり、闘争があり、愛があり……、子供たちの遊びはそれこそ人生の縮図であり、ドラマそのものです。そうした中で子供は生きることを学んでいきます。

そのときに大事なのが適切な教師の援助なのです。ですから、立場が違えば考え方、見方までも違ってくるのでしょう。

親と教師の考え方の違いは、文字指導についても表れます。先生方は、入学前にあまり文字指導をしないで欲しい、するならきちんとした指導をして欲しい、文字は日常生活の中で自然にわかる程度、あるいは自分の名前の読み書きが出来る程度でよいと思っているようです。ところが親は違います。うちの子はもう、文字が読めるんだ、書けるんだ、と優越感に浸りたいのです。早く出来るようになれば入学してからも勉強が楽だろうと思う親心でもあるようです。

考えてみてください。わたしたちの先祖が築き上げてきたわたしたち日本の文化、その文化をわたしたち日本人が、わたしたちの子供に伝えるのに、だれに遠慮し、だれにはばかることがあるでしょうか。「はばかる」という言葉は「はばをきかせる・のさばる・大きな顔をする」という意味もありますが、ここではもう少し控えめで慎ましやかな気持ち、つまり謙虚な気持ちで考えてみて「だれはばかる必要があるだろうか」と思うのです。「憎まれっ子が世にはばかる」という言葉がありますが、そういった意味ではありません。日本の文字を日本の子供に伝えるのに、人目をはばかるような気持ちになる必要はないと思うのです。

美しく正しい国語を教えること、これだって親の重要な努めであり、子育ての重要な課題の一つであるはずです。ですから、その国の国語を伝える文字の教育も、大切な子育ての要素の一つだといってよいはずです。

文字を覚えたがっている子に文字を教えること、これも育児のうちです。問題になるのは、幼児に文字を教えるか、教えないかではなく、その教え方なのです。教え方の工夫が必要なのです。

今、わたしたちの周りには、文字を知っている子、覚えたがっている子がたくさんいます。文字を知りたがる子に、教えることはいけないことだなどと言える人がいるでしょうか。知りたい子には教えるべきでしょう。覚えたい子がいたら覚えさせてやるのがよいでしょう。教わりたいという子がいたら、教えてやるべきでしょう。

③ 教師にとって、いま必要なこと

「教育」というのはだれのものとしてある言葉でしょうか。教育をする側のものではありません。教育を必要としている人のためにあるものです。その教育を必要としている人が子供だった場合、その子供たちの欲求に応えてやらなくてはならないのは、わたしたち親であり、保育者・保護者であることは間違いありません。

子育ては難しいといいますが、幼児に、文字ばかりでなく、自分にとって、彼らの欲求に応《こた》えられるようになることがとても楽しいことであり、「これが親としての愛情表現なのだなあ」と、実感出来るようになったら、それこそ、あなた自身がすばらしい親になった証拠だといってよいときなのかもしれません。

小学校の先生のために文部科学省が発行している「学習指導要領」というものがありますが、それと同じように、幼稚園の先生方用には「教育要領」というものが出ています。

その「幼稚園教育要領」をみると、「内容」として、こんなことが書かれています。

(1) 先生や友達の言葉や話に興味や関心をもち、親しみをもって聞いたり話したりする。
(2) したこと、見たこと、聞いたこと、感じたことなどを自分なりの言葉で表現する。
(3) したいこと、してほしいことを言葉で表現したり、わからないことを尋ねたりする。

(4) 人の話を注意して聞き、相手にわかるように話す。
(5) 生活の中で必要な言葉がわかり、使う。
(6) 親しみをもって日常の挨拶をする。
(7) 生活の中で言葉の楽しさや美しさに気づく。
(8) いろいろな体験を通じてイメージや言葉を豊かにする。
(9) 絵本や物語などに親しみ、興味をもって聞き、創造する楽しさを味わう。
(10) 日常生活の中で、文字などで伝える楽しさを味わう。

こんな幼稚園児になってもらいたいという、「教育する側」の人たちの願いだと考えてよいでしょう。

この「幼稚園教育要領」の内容を取り扱う上での「留意事項」を見ると、③のところに次のように書かれています。

③ 幼児が日常生活の中で、文字などを使いながら思ったことや考えたことを伝える喜びや楽しさを味わい、文字に対する興味や関心を持つようにすること。

これは話すだけでなく、普段の生活の中で、

◆「思ったこと」や「考えたこと」を伝える手段として、文字を使えるようにさせなさいということです。

◆文字を知っているということの楽しさや喜びを味わうようにさせなさいということです。
◆文字を覚えたいという意欲をもたせなさいということです。
手前味噌になりますが、これはわたしが
「わたしたち日本の文化、その文化をわたしたちの子供に伝えるのに、だれに遠慮し、だれにはばかることがあるでしょうか」

といったことと結びついています。そして、

「美しく正しい国語を教えること、これも子育ての重要な課題の一つであり、その国語を伝える文字の教育も大切な子育ての要素の一つだといってよいはずだ」

「文字を覚えたがっている子に文字を教えるのも育児のうちだ」

といったことと矛盾するものではありません。


わたしは頼まれて、先生方に「漢字の話」や「漢字の指導法」を話しに行くことがあります。そうしたとき、話の初めの方でこんなことをいいます。

先生方が、ご自分の漢字指導の成功を期待するならば、まず、子供たちに「漢字の勉強って面白いものだなと思わせなさい、そのためにはどんな学習指導を行えばよいのか考えてください」

次には「〈国語でいやなのが漢字だけど、今日の勉強のようだと、漢字ってけっこう楽し

いものなんだなあ〉と思わせてください」

この二つが成功すれば、子供は毎日「はやく漢字の勉強をやりたいなあ」と言い出すに決まっています。そこまで子供が変わったら、あなた方は漢字のベテランになります……と。

口では簡単に言いますが、「はやく漢字の勉強をやりたいなあ」「センセイ、漢字やろうよ」と子供たちに言ってもらえる教師がどのくらいいるでしょうか。

実は、このことは、わたしが先生方に漢字の指導法について話をするときも同じなのです。

①先生方が次第にわたしの話を身を乗り出すようにして聞いてくれるようになり、

②明日から自分のクラスでもこんな漢字指導をやってみたいと思ってもらえるような話でなければなりません。

③そして、帰りに「今日は、忙しい時間を割いても話を聞きに来てよかった。よし、明日からやるぞ！」と満足感を持って会場を後にしてもらえたら成功です。

わたしはいつでもそう願いながら講演会のレジュメを作ります。

子供でも先生方でも、それは誰でも同じですが……。

①「漢字って面白いものだな」というのは…………………「感覚的欲求」

②「漢字って楽しいものだな」というのは…………………「知的欲求」

③「はやく漢字の勉強をやりたいなあ」というのは……「生産的欲求」

おわかりでしょうか。

子供はいつでも目をきらきらさせながら、いろいろな欲求を持ち続けているのです。毎日毎日の学校生活の中で、そうした子供の欲求を十分に満たしてやれる教師は一人前の教師でしょう。

ことに子供を漢字嫌いにしたのも学校という場でしょうが、多くの子供が嫌う漢字の勉強について「先生、今日も漢字やろうよ、やろうよ」と言わせられる教師はそうはいないでしょう。

まず、子供の感覚的欲求を満たしてやること、これが大事です。子供は感覚的に、この先生はいい先生だ、この先生となら波長が合いそうだなどと感じます。そうした感覚的欲求は学習指導でも出てきます。その子供の感覚的欲求が、勉強って面白いものなんだなあ、もっと知りたいなあ、もっと教わりたいなあという欲求として高まってくれば、必ず「漢字って楽しいものだな」という「知的欲求」にまで高まってきます。

ここまできたらもう峠は越しました。あとは「よし、僕も字典で調べてみよう」「僕もうちへ帰れば漢字の本があるから、あれで調べてみよう」「先生の持っているあの漢字の本を僕も買ってもらおう」ということになります。これが「生産的欲求」です。

このステップは漢字ばかりではありません。ひらがなの指導でも算数でも同じです。どんな子供でも持っている「子供らしい欲求」ですから、それを満たしてやるのが教師の仕事です。そのための方法の一つが、第一章のテクニックであり、第二章の心構えなのです。ぜひ、参考にして欲しいものです。

口唱法で文字学習をした子供は、親にもすぐわかります。次は、親の声のホンの一部です。

◆うちに帰ってきておやつを食べながらも「よこ　たて　よこで　よこながく……」なんて言いながら、テーブルに指で書いているんですよ。「勉強しなさい」なんて言わなくても自然に今日習ったことを復習しているんですね。

◆国語の授業参観だったはずなのに……、先生の叩くタンバリンのリズムに合わせて子供たちが歌いながら漢字を覚えている。まさに驚きでした。これじゃあ、子供たちが漢字大好きっ子になるわけです。

◆娘は漢字を覚えるのが楽しくて仕方ない様子です。私たちの時代はあんなに苦痛だった漢字が、まるでゲームでも楽しむように覚えて、ルンルンでいます。辞典を眺めるのも楽しいらしく、毎夕食後の日課になっています。

第四章

ひらがな・カタカナの唱え方と指導のポイント

範書＝森相壽道

注
「ぴゅう」は、「払う」こと
「しゅっ」は、「跳ねる」こと
「とん」は、「止める」こと

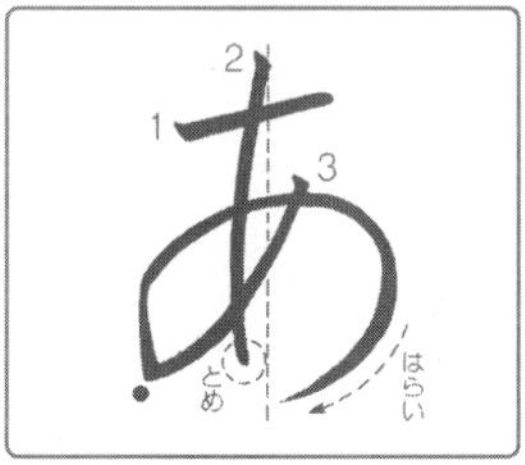

♪唱えて覚える口唱法

よこぼう　かいて　たてまげて　ななめで　もちあげ　まわして　ぴゅう

✤指導上のポイント

①一画の〈**よこぼう**〉は、やや右上がりに書く。

②二画の〈**たて**〉は、中心線より右側に曲がりこまないように注意する。

③三画の〈**まわして**〉が、一画に近づきすぎないようにする。

④下方を広くして、安定感をもたせる。

⑤払いの〈**ぴゅう**〉は、中心線を越えないように。

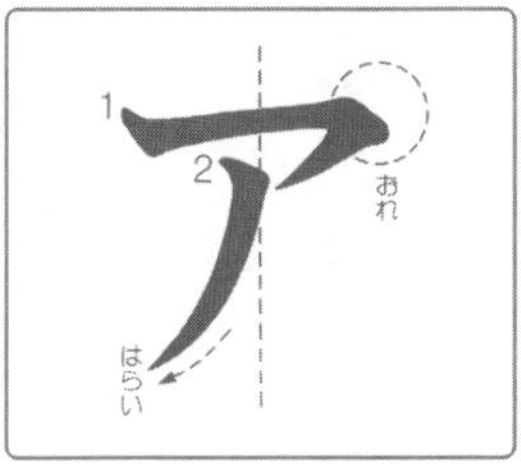

♪唱えて覚える口唱法

よこぼう　はねて　ななめに　ぴゅう

✤指導上のポイント

①〈**よこぼう**〉は書き始めからやや右上がりに長く書く。

②〈**はねて**〉のとき、折れは鋭角にして払いの先端は中心線くらいまで。

③二画の〈**ななめに　ぴゅう**〉は中心線上から始め、後半を左下に〈**ぴゅう**〉と払う。

④払いは一画の書き始めより内側にとどめる。

♪唱えて覚える口唱法

ななめで　しゅっ　むかいに　とん

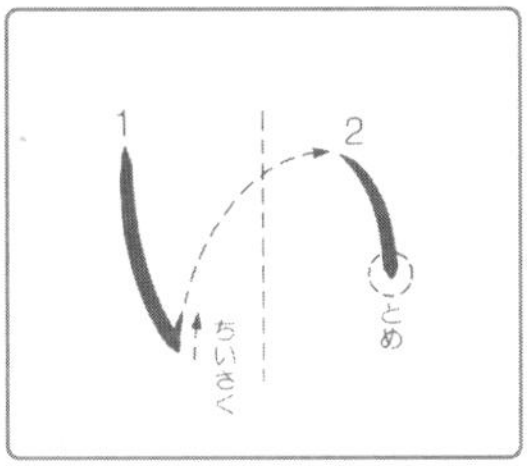

✤指導上のポイント

① 一画の〈ななめ〉は長く、〈しゅっ〉は小さくする。
② 一画の書き初めと、二画の書き始めの高さはほぼ水平にする。
③ 二画は短く、〈とん〉でしっかり止める。
④「()」でなく、むしろ直線的に書き、一画と二画の間は広くする。

♪唱えて覚える口唱法

ななめに　ぴゅう　たてぼう　とん

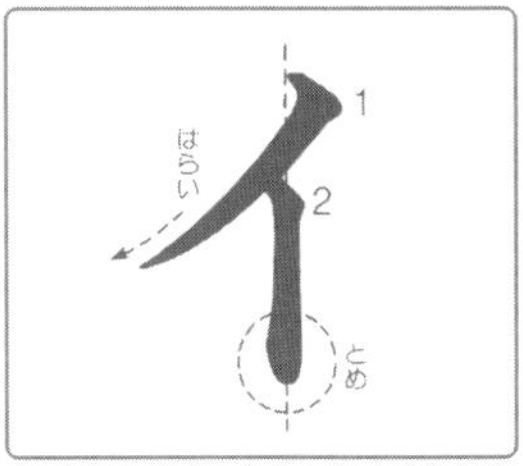

✤指導上のポイント

① 一画の〈ななめに　ぴゅう〉の左払いは角度に注意。
② 〈ぴゅう〉の長さは一画と二画の接点から下の方が長くなるように払う。
③ 二画の〈たてぼう　とん〉は中心線上に長く垂直に引きしっかり止める。
④ 一画の書き始めの位置が大事。

う

♪**唱えて覚える口唱法**

てん　うって　よこぼう　もちあげ　まわって　ぴゅう

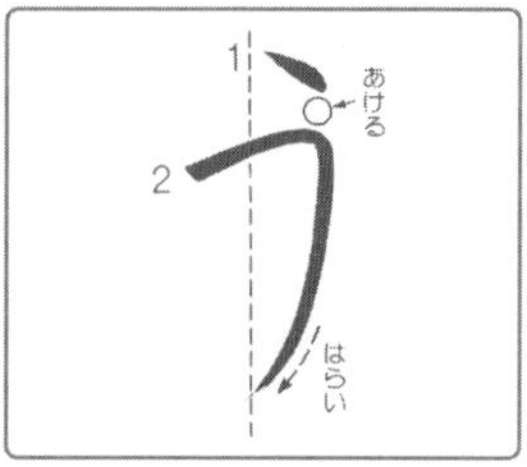

✤**指導上のポイント**

①一画の〈**てん**〉はななめに書く。

②二画の〈**よこぼう　もちあげ**〉はやや右上がりに書き、〈**まわって**〉は折れずにやや丸みをつける。

③たてに引く部分は直線で、後半は真下に引くような気持ちで〈**ぴゅう**〉と左に払う。

④払った先は、中心線ぐらいまでにする。

ウ

♪**唱えて覚える口唱法**

たてに　ちょん　みじかい　たてで　かぎを　ぴゅう

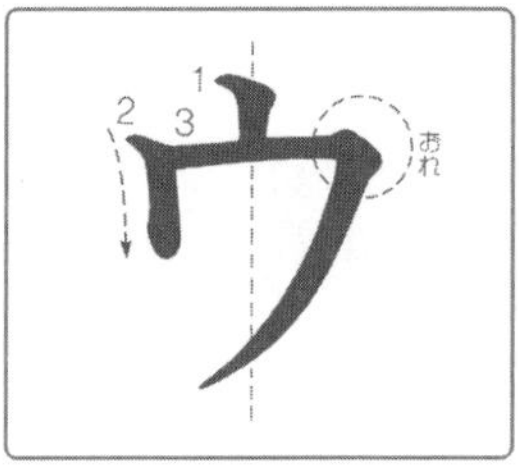

✤**指導上のポイント**

①一画の〈**たてに　ちょん**〉は短く、中心線上に。

②二画の〈**みじかい　たてで**〉は内側気味に短く書く。

③三画の〈**かぎを　ぴゅう**〉は、やや右上がりに書き、折れてからは直線でなく内側に広い空間を作るよう払う。払いは中心線を越えて伸びやかに。

え

♪唱えて覚える口唱法

てん　うって　よこかき　ひっぱり　もどって　くるん

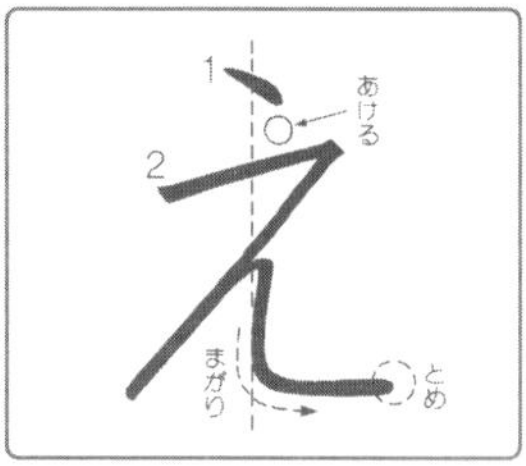

✤指導上のポイント

①〈**てん**〉はななめにかく。
②二画の〈**よこかき**〉は右上がりで、〈**ひっぱり**〉で折れて左下に長く引く。
③〈**もどって**〉は、〈**ひっぱり**〉の真ん中ぐらいまでもどるように折れて〈**くるん**〉で真下におろし、曲がりをつけて真横に引き、止める。
④下方を広くして、安定感をもたせる。

エ

♪唱えて覚える口唱法

よこぼう　たてで　よこながく

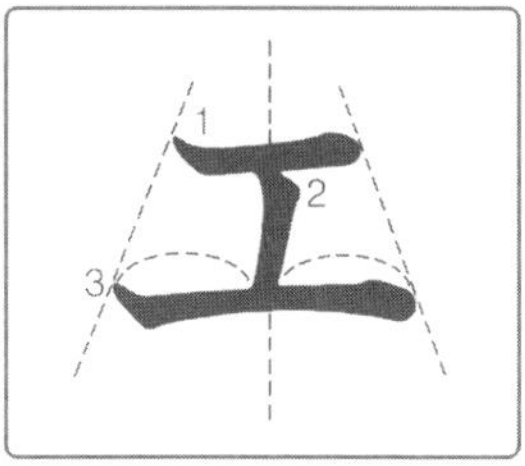

✤指導上のポイント

①一画の〈**よこぼう**〉は短くやや右あがりに。
②二画の〈**たて**〉は中心線上に書くつもりで。
③三画の〈**よこながく**〉は長く書き、左右ほぼ同じ長さ。

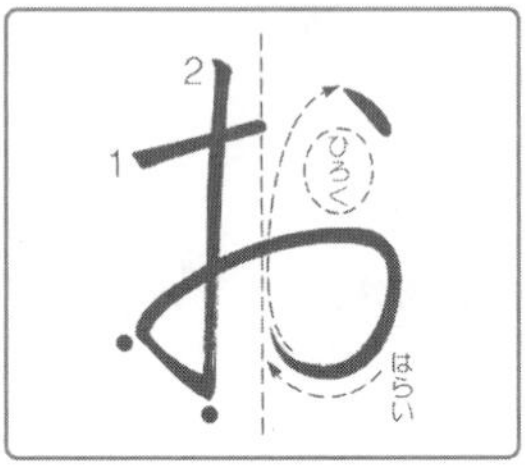

♪**唱えて覚える口唱法**

よこをかき　たてぼう　おろして　もちあげて　ぐるっとまわして　てん　つける

✤**指導上のポイント**

① 一画の **〈よこ〉** はやや右上がりに書く。

② **〈たてぼう〉** は中心よりも左側に長く引く。

③ **〈もちあげ〉** の三角部分は小さく作り、**〈ぐるっとまわして〉** で大きく伸びやかに書く。

④ 最後の **〈てん〉** は、一画の延長線上に遠くななめに打つ。

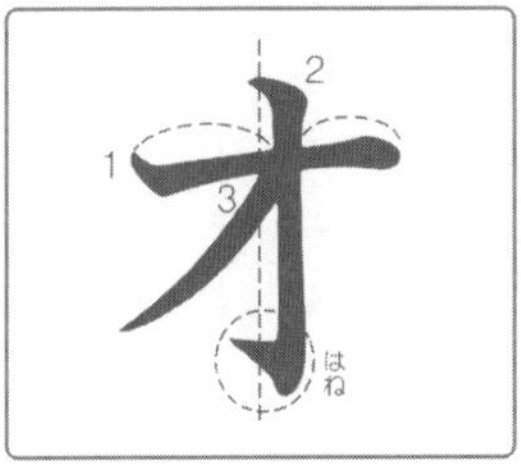

♪**唱えて覚える口唱法**

よこぼう　たてはね　ななめに　ぴゅう

✤**指導上のポイント**

① 一画の **〈よこぼう〉** は長く、やや右上がりに書く。

② **〈たてはね〉** は中心線よりやや右側に長く引き、小さく跳ねる。

③ **〈ななめに　ぴゅう〉** は方向に注意して、一画目の書き始めの点より左に出ない程度にする。

か

♪唱えて覚える口唱法

よこぼうまわって　はねたら　ななめ　そして　おわりに　かたに　てん

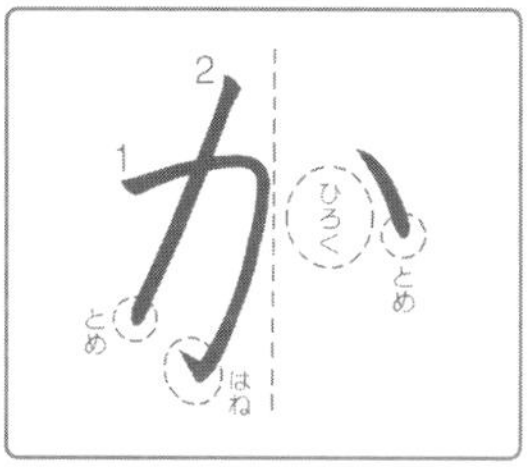

✤指導上のポイント

① 一画の**〈まわって〉**は中心線上で左下に曲がり、跳ねは小さめに書く。

② 二画の**〈ななめ〉**は、一画のたて画に平行になるように引く。長くなりすぎないこと。

③ 三画の**〈てん〉**は二画から遠く離して打つ。

④**〈てん〉**は打つ位置に注意し、短すぎないよう、ななめにしっかりと打つ。

カ

♪唱えて覚える口唱法

かぎを　はねたら　ななめに　ぴゅう

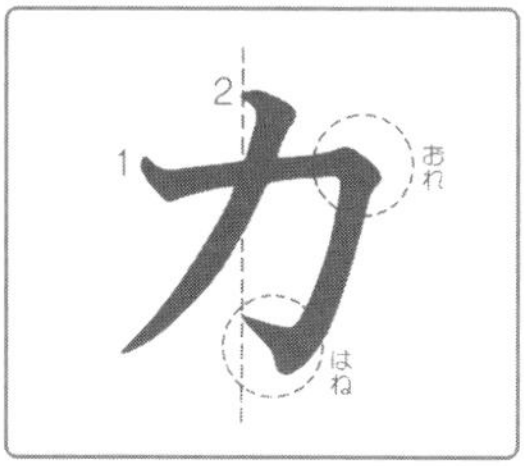

✤指導上のポイント

①**〈かぎを　はねたら〉**は折れてから跳ねまでの角度に注意する。

② 跳ねを小さく、中心線を越えない。

③**〈ななめに　ぴゅう〉**は中心から書き始め、右側の一画目と並行になるよう左下に引いて払う。

④ 四角形の概形の中に安定よくおさめる。

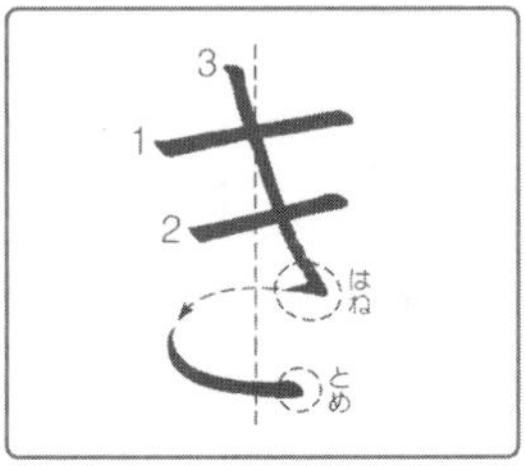

♪唱えて覚える口唱法

よこ　にほん　ななめで　しゅっ　すくって　とん

✤指導上のポイント

①〈**よこ　にほん**〉の一画は、やや右上がりに書く。
②二画は一画よりやや短めに右上がりに書く。
③三画は、右下への角度に注意し、跳ねは小さめにする。
④四画の〈**すくって　とん**〉は、三画の〈**しゅっ**〉より右に出ないように止める。
⑤全体の字形は長方形なので、長方形の中に、安定よくまとめる。

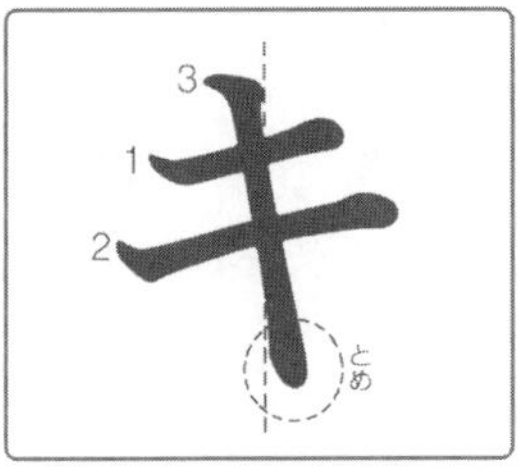

♪唱えて覚える口唱法

よこぼう　にほんで　ななめぼう

✤指導上のポイント

①〈**よこぼう　にほんで**〉の一画目は短めでやや右上がりに。
②二画目は一画目に平行してやや長く書く。
③三画の〈**ななめぼう**〉は長く、中心線を境に右下に少しななめに引き止める。角度に注意。

く

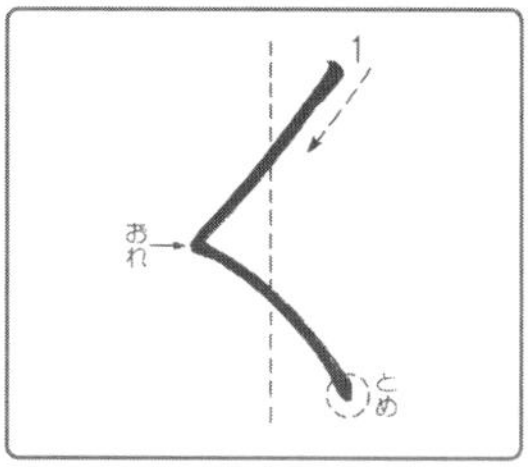

♪唱えて覚える口唱法

ひだりななめで　みぎ　ななめ

✤指導上のポイント

①中心線の右側から書き始め、書き終わりは書き始めの位置よりやや右側に出るくらいの位置で、しっかり止める。

②折れる角度は、九〇度をこえるように。

③**〈みぎ　ななめ〉**は上方よりもやや長めに書くこと。

ク

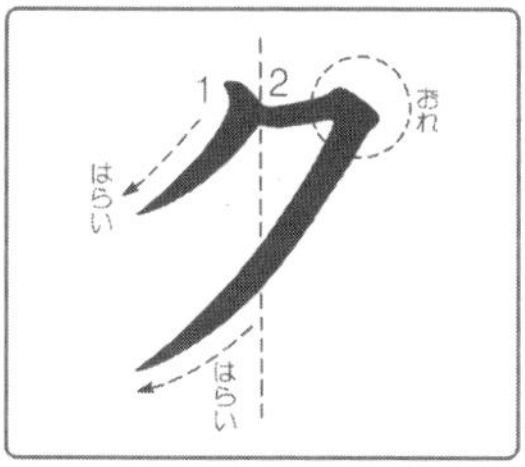

♪唱えて覚える口唱法

みじかく　ぴゅう　かぎを　ぴゅう

✤指導上のポイント

①**〈みじかく　ぴゅう〉**の左払いは小さく書く。

②二画目の**〈かぎを　ぴゅう〉**は折れまでは真横に書き、そこから一画目との空間を大きくとるように長く引く。

③「タ」の二画、「ス」の一画と同じ要領で伸びやかに引く。

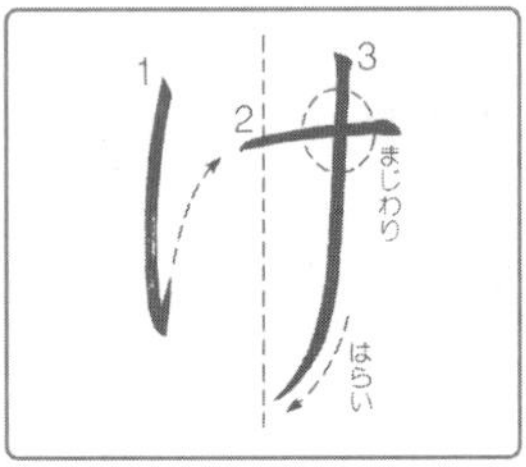

♪**唱えて覚える口唱法**

たてぼう　しゅっ　よこぼうかいて　たてぼう　ぴゅう

✤**指導上のポイント**

①一画の〈**しゅっ**〉は小さく跳ねる。
②二画の〈**よこぼう**〉は、中心より右側に水平に引く。
③三画の〈**たてぼう**〉は長く、〈**ぴゅう**〉は中心線を越えないように。
④一画と三画の空間を広くとること。

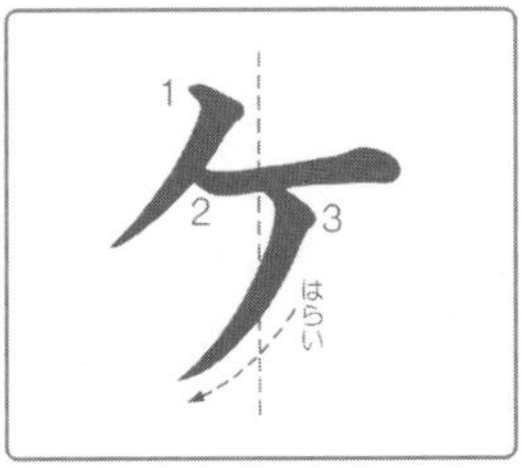

♪**唱えて覚える口唱法**

みじかく　ぴゅう　よこぼう　かいたら　ななめに　ぴゅう

✤**指導上のポイント**

①一画の〈**みじかく　ぴゅう**〉は短く左払い。
②二画の〈**よこぼう**〉は一画のほぼ中心からやや右上がりに書き、止める。
③三画の〈**ななめに　ぴゅう**〉は「ア」の払いと同じ要領ですが、書き初めが中心線より右で、払いの部分は中心線を越えて伸びやかに。

こ

♪唱えて覚える口唱法

よこぼう　しゅっ　すくって　とん

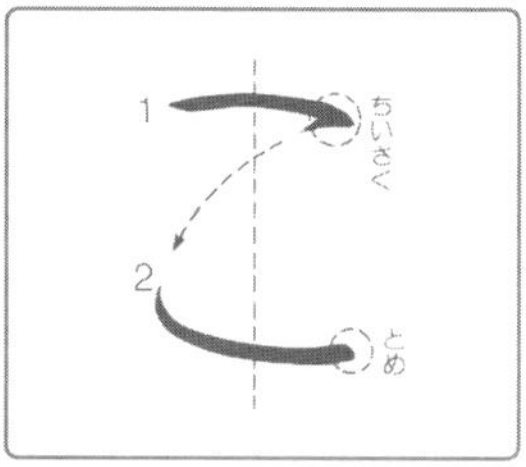

✤指導上のポイント

①一画の〈**よこぼう　しゅっ**〉は小さく跳ねる。

②二画は一画の跳ねを受ける気持ちで、一画よりもやや長めに書く。

③上、下の画とも、中心線から左右が同じ長さになるよう注意。

④あまり直線でも曲線でもよくない。

コ

♪唱えて覚える口唱法

かぎを　かいたら　よこぼう　とん

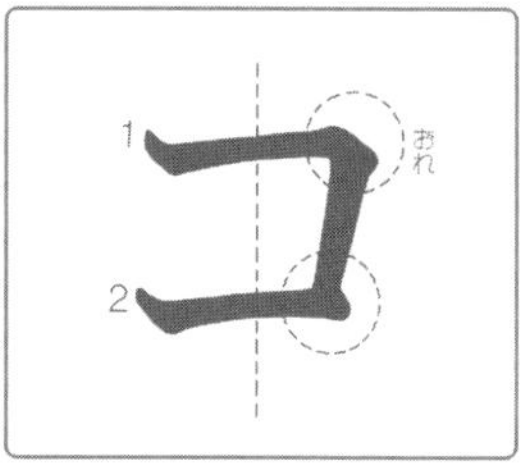

✤指導上のポイント

①〈**かぎを　かいたら**〉の折れまでは中心線を境に同じ長さがよい。

②折れからはやや左下に角度をとる。

③二画の〈**よこぼう　とん**〉は一画の横画部分に平行に引いて〈**とん**〉と止める。

④書き終わりの節筆に注意する。

さ

♪**唱えて覚える口唱法**

よこぼうで　ななめで　しゅっ　すくって　とん

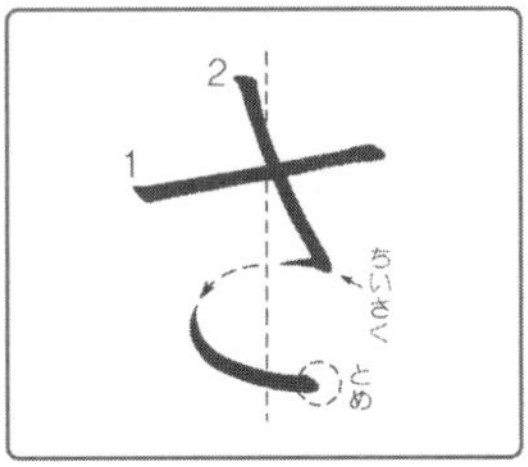

✤**指導上のポイント**

① 一画の**〈よこぼう〉**は右上がりで、中心線から左右の長さが同じになるように。

② 二画の**〈ななめ〉**は小さく跳ねる。

③ 三画の**〈すくって　とん〉**の止めの位置は二画の跳ねより右側に出ないこと。

④ 概形は三角形です。その中に安定よく入れること。

サ

♪**唱えて覚える口唱法**

よこぼう　たてで　たてを　ぴゅう

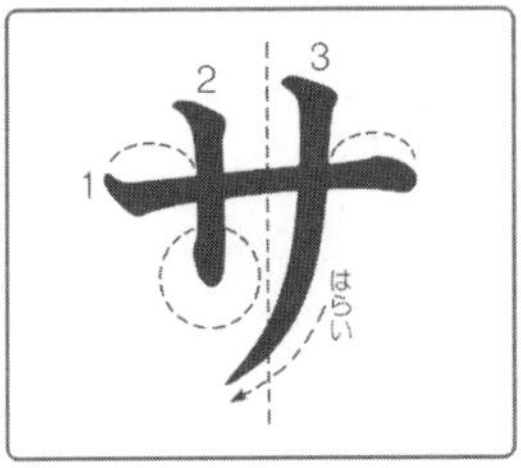

✤**指導上のポイント**

① 一画の**〈よこぼう〉**はやや右上がりに書く。中心線から左右の長さは同じ。

② 二画の**〈たて〉**は垂直に短く止める。

③ 三画の**〈たてを　ぴゅう〉**は二画より上下ともに長く、後半は左下に向かい、中心線をやや越えるように払う。

④ 二画と三画の間を広めにとること。

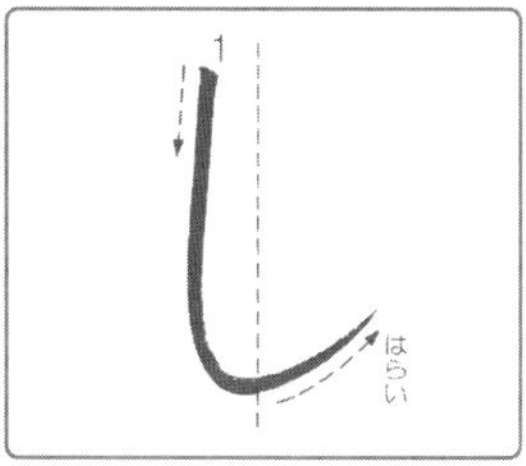

♪唱えて覚える口唱法

ゆっくりと　たてぼう　おろして　まがって　ぴゅう

✤指導上のポイント

① 書き始めの位置は中心より左。まっすぐ下に長く引いて曲げる。

② **〈ぴゅう〉**の払いの方向に注意する。

③ **〈たてぼう　おろして〉**の部分を長く書くこと。

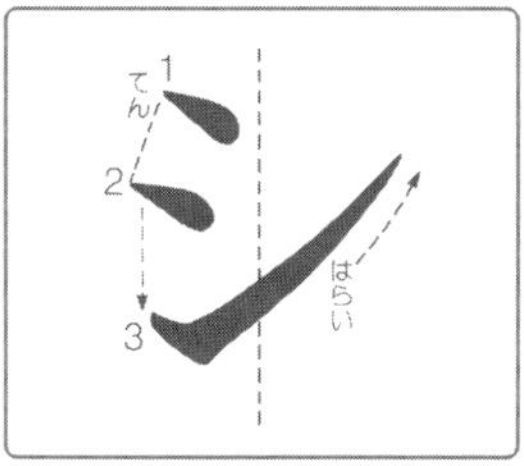

♪唱えて覚える口唱法

うえから　てん　てん　もちあげ　ぴゅう

✤指導上のポイント

① **〈うえから　てん　てん〉**の点はななめに打つ。

② 二画目の**〈てん〉**は一画目よりやや左側による。

③ 三画の**〈もちあげ　ぴゅう〉**の書き始めは二画のほぼ真下で、**〈もちあげ〉**の払いは方向に注意して長く引く。

す

♪唱えて覚える口唱法

よこ　ながく　たてぼう　とちゅうで　まるめて　ぴゅう

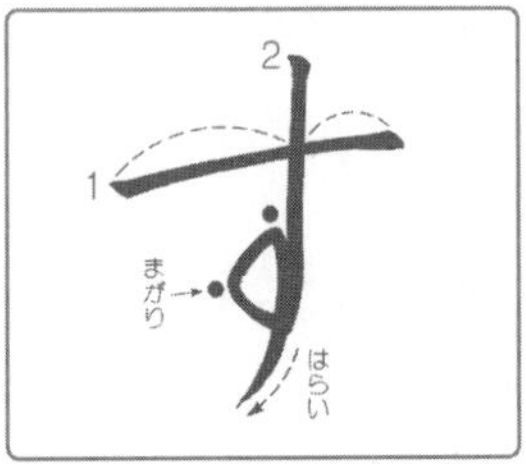

✤指導上のポイント

①一画の〈**よこながく**〉はやや右上がりに長く書くこと。
②〈**たてぼう**〉は一画の中心より右の位置で交わるようにする。
③〈**まるめて**〉は円ではなく三角形のつもりで結ぶ。
④結んだあとの払い〈**ぴゅう**〉は左下方向に。長くなりすぎないように注意する。
⑤字源の「寸」の草書を頭において書くとよい。

ス

♪唱えて覚える口唱法

かぎを　ぴゅう　ななめに　とん

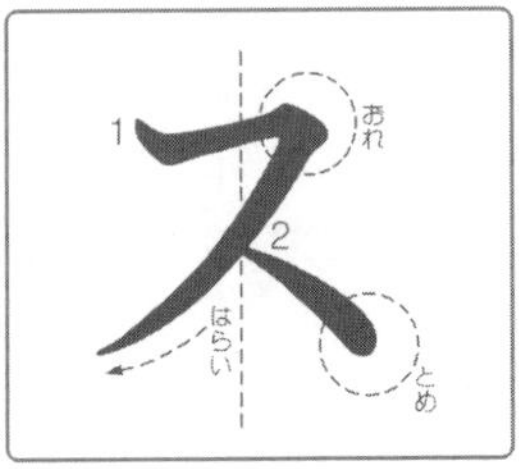

✤指導上のポイント

①一画の〈**かぎを　ぴゅう**〉はよこぼうをやや右上がりに引いて短く折れ、左下に長く伸びやかに払う。
②二画の〈**ななめに　とん**〉は左払いに対応して右ななめ下に長く引いて止める（小さいてんではない）。
③台形の概形の中に安定よくまとめる。

せ

♪唱えて覚える口唱法

よこ　ながく　みじかい　たてで　たてまげ　とん

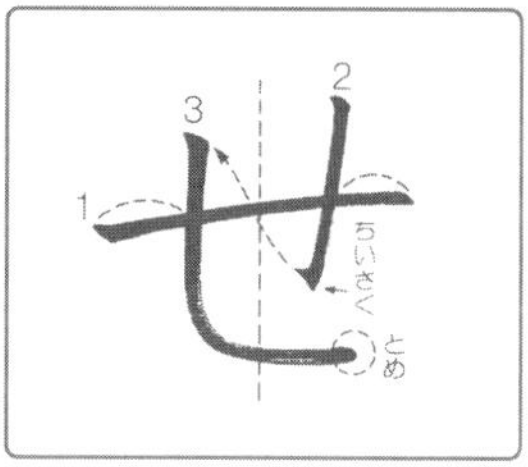

✤指導上のポイント

① 一画の〈よこ　ながく〉はやや右上がりに、長く書くこと。

② 二画の〈みじかい　たて〉は高い位置からやや左下に下ろす。

③〈たてまげ　とん〉は真下に下ろして、曲がって真横に止める。

④ よこ画に交わるたて画の位置に注意。

セ

♪唱えて覚える口唱法

よこぼう　はねて　たて　まげる

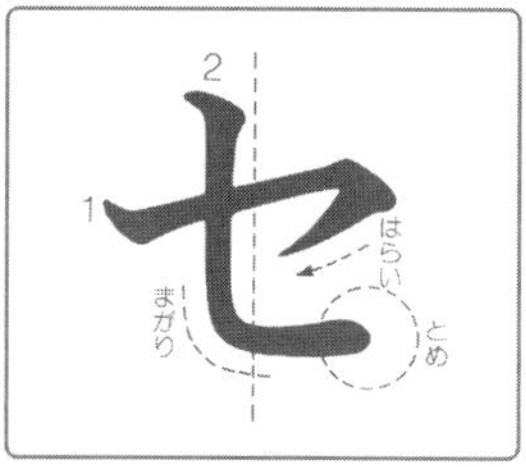

✤指導上のポイント

① 一画の〈よこぼう〉はかなり右上がりに長く引く。

②〈はねて〉の払いの部分は鋭角になり、中心線を越えない。

③ 二画の〈たて　まげる〉は高い地点から書きはじめ、中心線より左側を垂直に引き、曲がって水平に止める。

④ 書き終わりの止めは一画目の〈はね〉た地点よりやや内側。

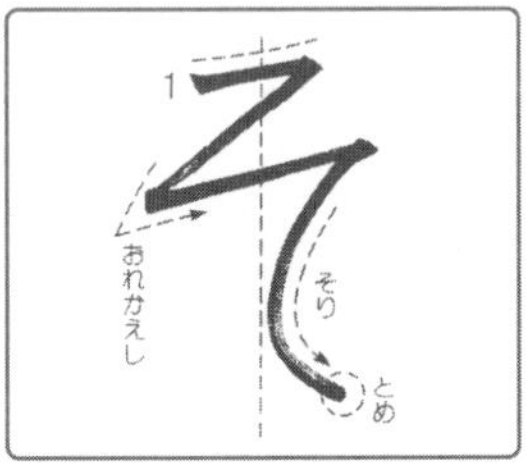

♪唱えて覚える口唱法

よこをかき　ひっぱり　よこで　そっくりかえる

✤指導上のポイント

① 深い折り返しの連続でとても難しい字。
② 二本の横線は右上がりぎみに。長さに注意すること。
③ **〈そっくりかえる〉** の反りから止めまでは長く、中心線の右側におさめるように書く。
④ 下部は上部とは逆に、すっきり伸びやかに書く。
⑤ 折り返しの部分は画の一部分を重ねるように書く。

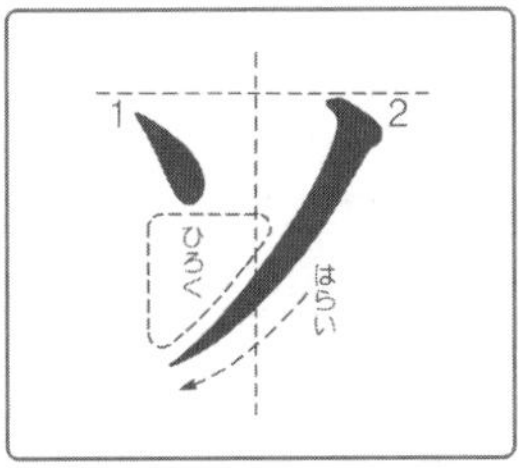

♪唱えて覚える口唱法

てんを　かいたら　ななめに　ぴゅう

✤指導上のポイント

① 一画の **〈てん〉** は左上に斜めに払う。
② 二画の **〈ななめに　ぴゅう〉** は一画のほぼ右側横の遠くはなれた地点から「ノ」と同じ要領で書く。
③ 左下への払いがはっきりしないと、「ソ」なのか「ン」なのかわからないので十分注意。

た

♪**唱えて覚える口唱法**

よこぼう　かいたら　ななめぼう　よこいって　しゅっ　すくって　とん

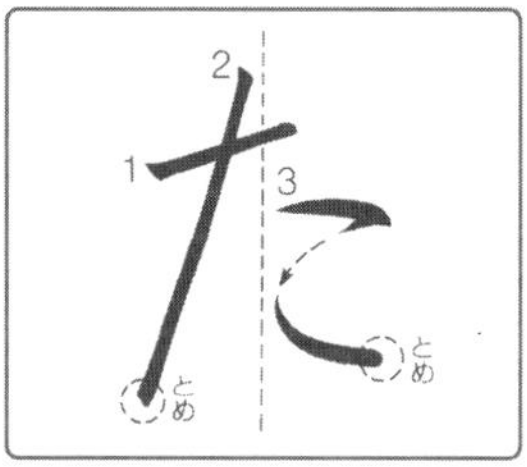

✤**指導上のポイント**

①一画の**〈よこぼう〉**は右上がりに短く書く。

②二画の**〈ななめぼう〉**は長く、一画との交わる点が一画の左側にいかないようにする。

③四画の**〈すくって　とん〉**の書き始めは、三画の跳ね**〈しゅっ〉**を受けるようにする。

④四画は大きくなりすぎないこと。**〈とん〉**でしっかり止めること。

タ

♪**唱えて覚える口唱法**

みじかく　ぴゅう　かぎを　ぴゅうで　なかに　てん

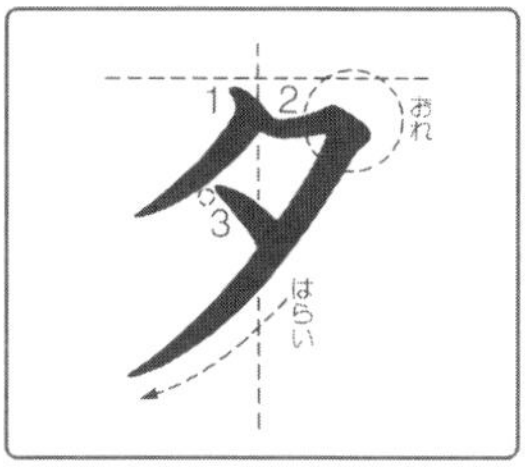

✤**指導上のポイント**

①三画の**〈とん〉**がなければ「ク」と同じ要領。

②三画の**〈とん〉**は一画目とつながらないように少し一画あける。右ななめ下に引いた**〈とん〉**は、二画目とつなげる。

③**〈てん〉**の位置は二画目の左払いの真ん中よりやや上になるように書く。

ち

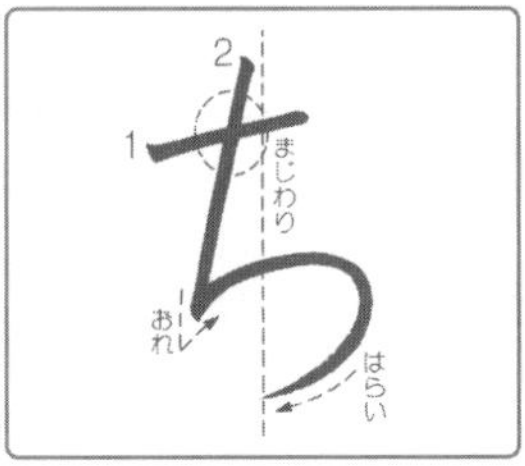

♪**唱えて覚える口唱法**

よこぼうで　たてぼう　とちゅうで　まわして　ぴゅう

✤**指導上のポイント**

①一画の**〈よこぼう〉**は右上がりに短く書く。
②二画の**〈たてぼう〉**はやや左下に長く引く。
③折れたあとの**〈まわして　ぴゅう〉**は、円形にならないように払う。また、長くなりすぎないように方向に注意して大事に払う。

チ

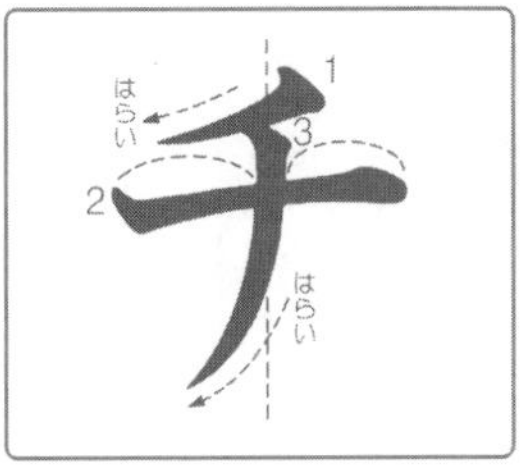

♪**唱えて覚える口唱法**

みじかく　ぴゅう　よこぼうかいたら　たてを　ぴゅう

✤**指導上のポイント**

①一画の**〈みじかく　ぴゅう〉**は短く左へ浅めの角度で払う。
②二画の**〈よこぼう〉**は長くやや右上がりに書く。
③三画の**〈たてを　ぴゅう〉**は二画の中心よりやや右側を垂直に引きおろすつもりで書き、後半を下方に払う。「サ」の三画目と同じ要領。

つ

♪**唱えて覚える口唱法**

ゆっくりと　よこぼうもちあげ　まわして　ぴゅう

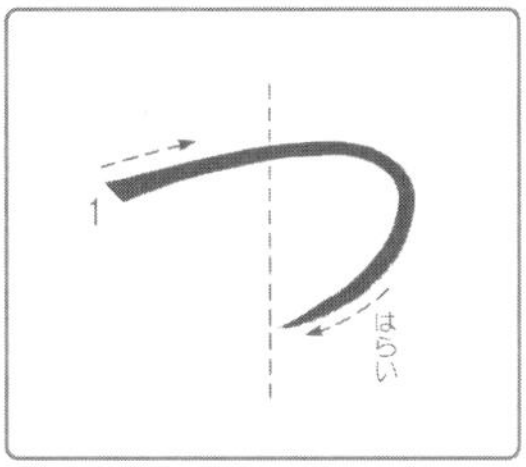

✤ **指導上のポイント**

①書き始めからやや右上がりに長く引く。
②**〈まわして〉**で、丁寧に曲げる。
③**〈ぴゅう〉**は左斜め下に向かって払う。
④払いの長さは中心線くらいで終える。

ツ

♪**唱えて覚える口唱法**

よこに　てん　てん　ななめに　ぴゅう

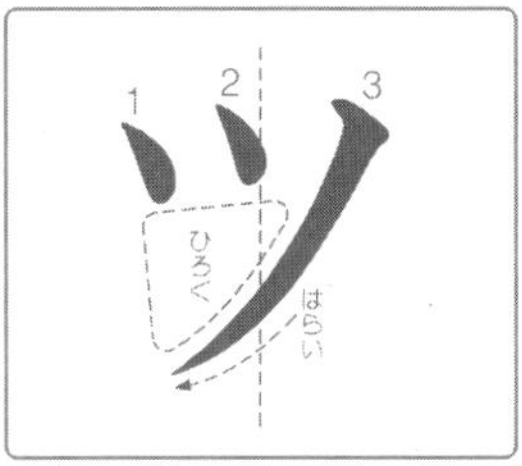

✤ **指導上のポイント**

①一、二画の**〈てん〉**と三画の書き始めは、ほぼ同じ高さに並ぶように打つ。間隔も同じようにあける。
②二画目の**〈てん〉**は中心線上に打つとよい。
③三画の**〈ななめに　ぴゅう〉**は長く伸びやかに左下に払う。
このとき一画の**〈てん〉**より左に出ない。

て

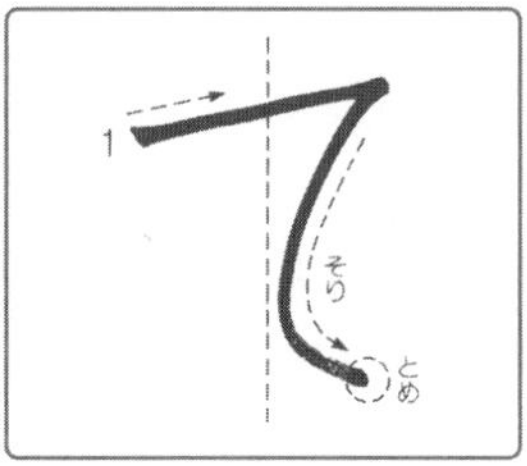

♪**唱えて覚える口唱法**

よこぼうで　したにおおきく　そっくりかえる

✤**指導上のポイント**

①**〈よこぼう〉**は右上がりに引き、折れる。

①**〈そっくりかえる〉**の反る部分は長く書く。また、反りは中心線くらいまでとどめる。

③書き終わりの「とめ」は、折れた地点より右側に長く出ないこと。

テ

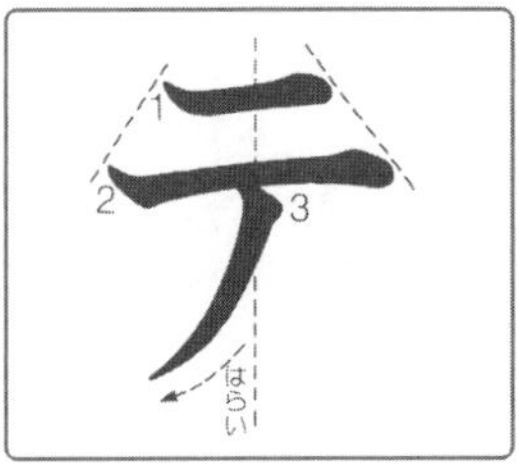

♪**唱えて覚える口唱法**

よこぼう　にほんで　ななめに　ぴゅう

✤**指導上のポイント**

①**〈よこぼう　にほん〉**は「工」の一画と三画を書く要領で間を狭く。

②三画の**〈ななめに　ぴゅう〉**はほぼ中心線上から書き、このとき左に倒れすぎない。

③三画の**〈ななめに　ぴゅう〉**は「ケ」の三角と同じ要領で書く。

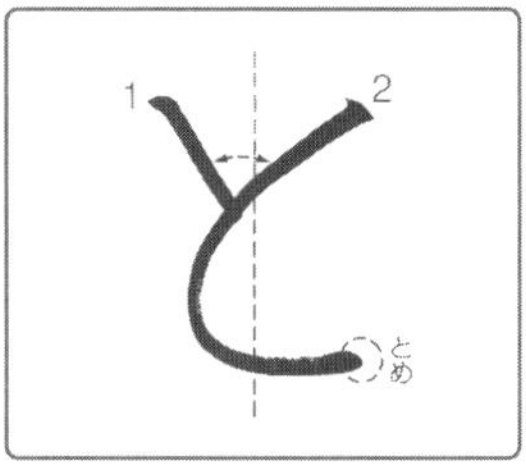

♪**唱えて覚える口唱法**

みじかく　とん　ひっぱりまわして　おわりは　とん

✤**指導上のポイント**

① 一画と二画は九〇度くらいで交わる。一画の方向が大切。
② 二画は曲がったあとほぼ水平に右に引き、最後は止める。
③ 止める位置は二画の書き始めより、右に出ないようにする。

♪**唱えて覚える口唱法**

たてぼう　かいたら　ななめに　とん

✤**指導上のポイント**

① 一画の**〈たてぼう〉**は中心線よりやや左に長く書き、しっかり止める。
② 二画の**〈ななめに　とん〉**は、一画の中心のやや上方から右下へ長めに引きおろして**〈とん〉**で止める。
③ 二画の**〈とん〉**は引く方向が下がりすぎないように。

な

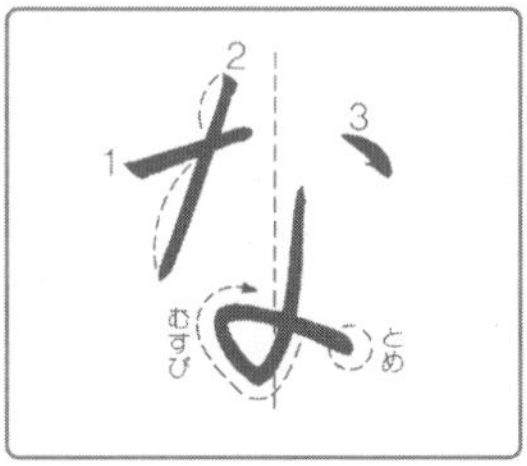

♪唱えて覚える口唱法

よこぼうで　ひだり　ななめで　てん　うって　たてのしりふり　たまごがた

✤指導上のポイント

①②①〈**よこぼう**〉は短めに、やや右上がりに書く。

②二画の〈**ひだり　ななめ**〉は一画の右側で交わり、下方を長くする。

③〈**てん**〉は大きめに、一画の書き終わりの高さから、斜めに引く。

④〈**たてのしりふり**〉から結びの〈**たまごがた**〉は、三角おむすびのようにつくる。

⑤全体の概形を逆三角形の中に、安定よくおさめる。

ナ

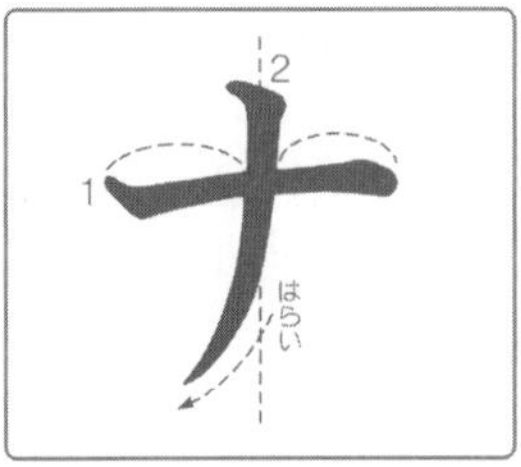

♪唱えて覚える口唱法

よこぼう　かいたら　ななめに　ぴゅう

✤指導上のポイント

①一画の〈**よこぼう**〉はやや右上がりに長く引き、〈**かいたら**〉で止める。

②二画の〈**ななめに　ぴゅう**〉は中心線から書き始め、垂直におろし真ん中のあたりから左下に向かって〈**ぴゅう**〉と払う。

③二画の〈**ぴゅう**〉は一画の〈**よこぼう**〉の書き始めより長く引いてはいけない。

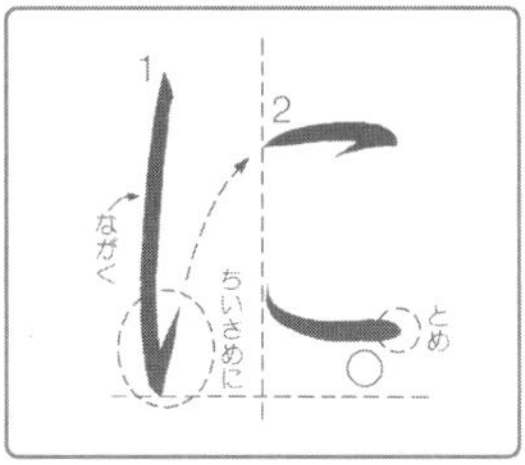

♪唱えて覚える口唱法

たてぼう　しゅっ　よこいって　しゅっ　すくって　とん

✤指導上のポイント

①〈**たてぼう**〉は長めに、跳ねの〈**しゅっ**〉は小さめに書く。
②二画の跳ね〈**しゅっ**〉も小さめに書く。
③三画の〈**すくって**〉は二画の〈**しゅっ**〉を受けるつもりで、書き終わりは〈**とん**〉で止める。
④二画と三画の「こ」の部分を、一画の〈**たてぼう**〉に近づけないこと。

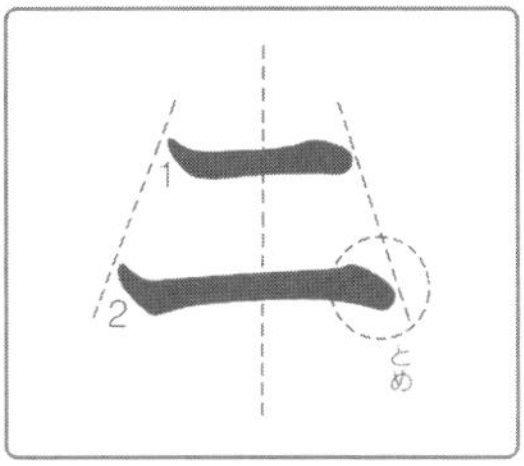

♪唱えて覚える口唱法

みじかいよこに　ながいよこ

✤指導上のポイント

①一画の〈**みじかいよこ**〉は短くやや右上がりに書く。
②二画の〈**ながいよこ**〉は長く伸びやかに引いて止める。
③一、二画とも中心線から左右の長さが等しい。
④一画と二画の間を十分にとること。

♪**唱えて覚える口唱法**

みぎななめ　ひだりななめで　もちあげて　ぐるっとまわして　たまごがた

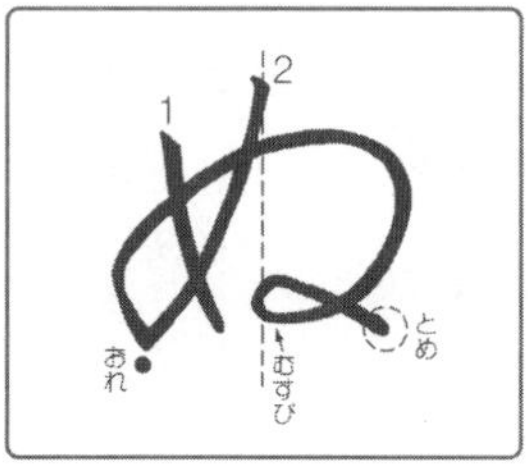

✤**指導上のポイント**

① 一画の〈**みぎななめ**〉の書き終わりは、しっかり止める。
② 〈**ひだりななめで　もちあげて**〉で折れたあとの、〈**ぐるっとまわして**〉は大きく書くこと。
③ 結びの〈**たまごがた**〉は中心線より右側に書き、しっかり止める。
④ 下方は一直線上にのせ、安定感をもたせる。

♪**唱えて覚える口唱法**

かぎを　ぴゅう　ななめに　とん

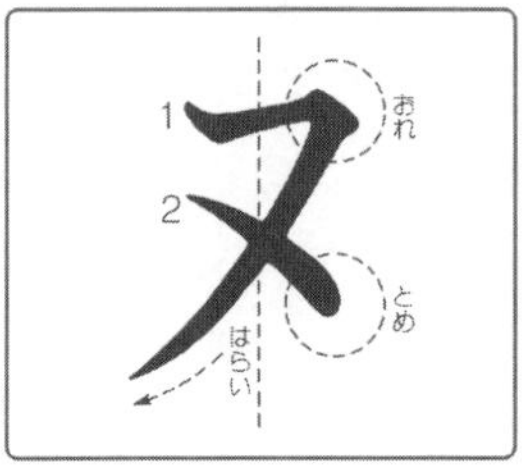

✤**指導上のポイント**

①「ス」とまったく同じ要領で書く。
② 二画の〈**ななめに　とん**〉のななめぼうが、中心線の上で一画としっかり交わる。
③ 交わった点より下の部分の方を長めに書き、安定感をもたせて〈**とん**〉で止める。
④ 〈**ななめに　とん**〉は大きい画である。

♪唱えて覚える口唱法

たてぼうで　よこかき　ひっぱり　まわして　たまごがた

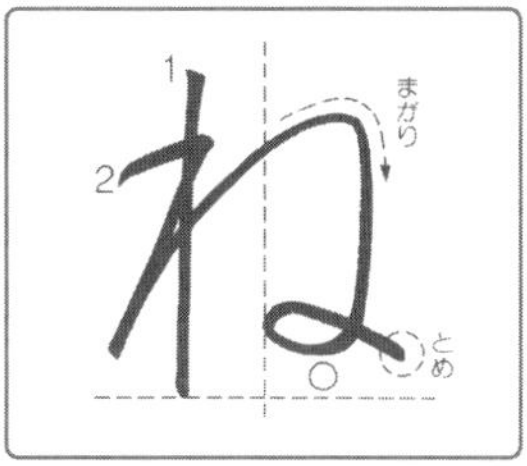

✤指導上のポイント

① 一画の〈**たてぼう**〉は左側に長く書く。
② 〈**よこかき　ひっぱり**〉は小さめに折れる。
③ 〈**まわして**〉で二画の右側を大きく書き、曲がった後は真下に引くつもりで書く。
④ 結びの書き終わりは、一画の〈**たてぼう**〉の書き終わりより下方にならないようにする。

♪唱えて覚える口唱法

てんを　かき　かぎ　ぴゅう　たてで　てん　つける

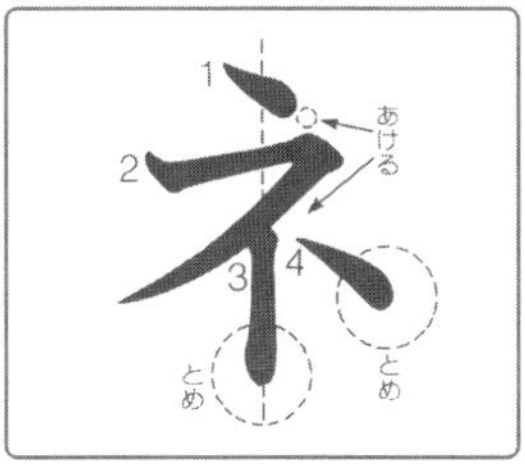

✤指導上のポイント

① 一画の〈**てん**〉は中心線上にななめに書く。
② 二画の〈**かぎ　ぴゅう**〉は「ス」や「ヌ」の〈**かぎ　ぴゅう**〉と同じ要領で書く。
③ 三画の〈**たて**〉は一画の〈**てん**〉の真下に垂直に引き、〈**たてで**〉の「で」で止める。
④ 四画の〈**てん**〉は全体のバランスを保つよう力強く打つ。

♪唱えて覚える口唱法

ななめで　もちあげ　まわして　ぴゅう

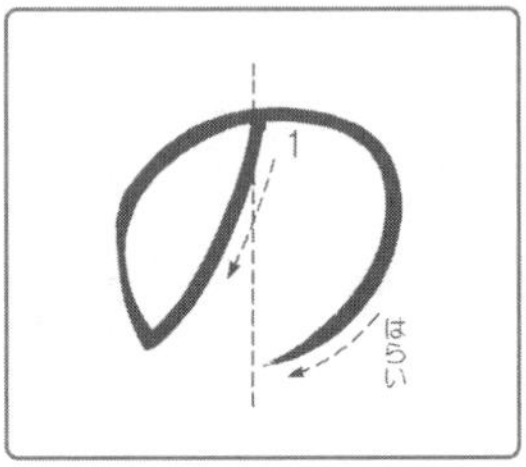

✤**指導上のポイント**

①**〈ななめで〉**の書き始めは中心線から始まる。

②ななめの角度と長さが大切で、書き始めから折れまでは手前にややふくらみを持って書く。

③折れてからはおおらかに持ち上げて、大きく回す。

④払いの**〈ぴゅう〉**は、中心線に向かって、折れの点よりやや下方に払う。

♪唱えて覚える口唱法

ななめに　ぴゅう　それだけさ

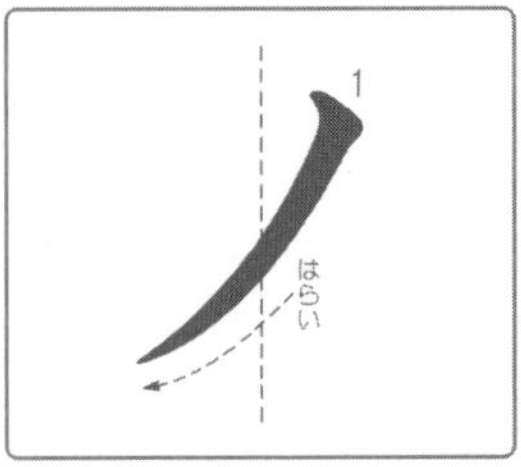

✤**指導上のポイント**

①**〈ななめに　ぴゅう　それだけさ〉**とあるように、「ソ」「ツ」の「てん」がないもの。位置をしっかり決めてから書き始めること。

②中心線が画を二等分していくようにおさめる。

③傾きの角度が左に倒れすぎないよう、長めに。

④定規で引くような直線ではない。

は

♪唱えて覚える口唱法

たてぼう　しゅっ　よこをかき　たてのしりふり　たまごがた

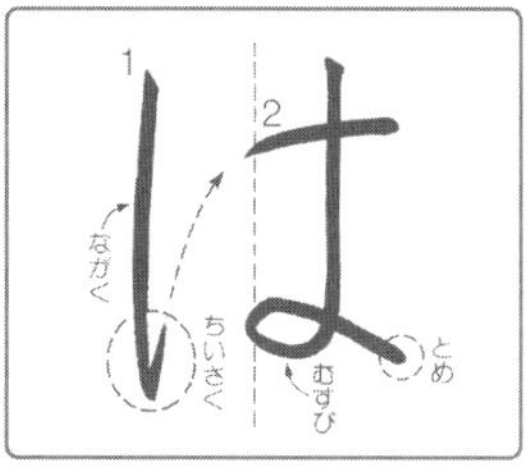

✤指導上のポイント

① 一画の**〈たてぼう〉**は長く書いて、**〈しゅっ〉**で小さく跳ねる。
② 二画の**〈よこ〉**は水平に引く。
③ 三画の**〈たて〉**は二画の**〈よこぼう〉**の長さのやや右寄りに交わる。
④ 結びの位置は一画より下方に下がらないように注意する。

ハ

♪唱えて覚える口唱法

ひだり　ななめに　みぎ　ななめ

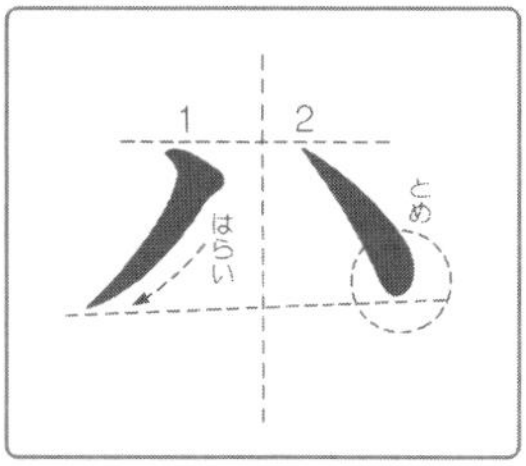

✤指導上のポイント

① 一画の**〈ひだり　ななめ〉**は正しくは左払い。
② 二画の**〈みぎ　ななめ〉**は左下に引きおろして止める。
③「ニ」の字を書いて中心線を入れ、その左右に「ひだりななめ・みぎななめ」を入れるとおさまりがよい。

ひ

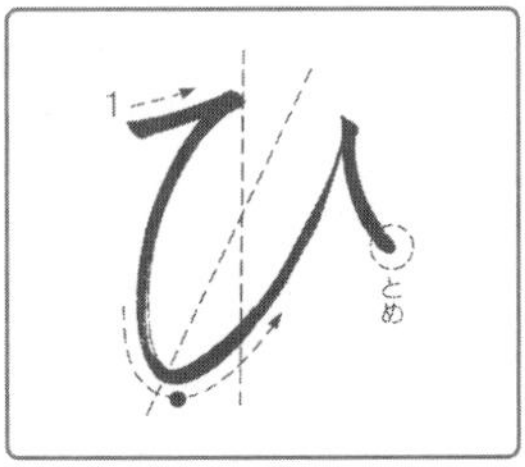

♪唱えて覚える口唱法

もちあげて　たまごの　まるかき　みじかく　とん

✤指導上のポイント

①書き始めの〈**もちあげて**〉は、やや右上上がりで短く引く。

②〈**たまごの　まるかき**〉は折れてから左下へ滑らかな曲線を書き、中心より左下でいったん筆を止める感じで、右上への曲線を書く。

③書き終わりの部分はあまり小さくならず、反り気味に引いて〈**とん**〉でしっかり止める。

ヒ

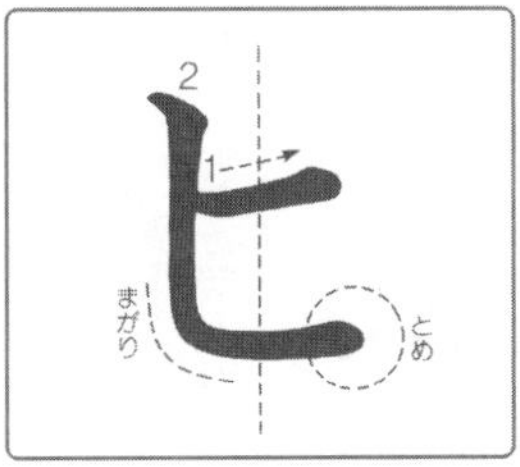

♪唱えて覚える口唱法

よこぼう　かいたら　たて　まげ　とん

✤指導上のポイント

①一画の〈**よこぼう**〉はやや右上がりで止める。

②二画の〈**たてまげ**〉は中心線より左上から垂直におろし、曲がりのあと右真横に書き〈**とん**〉で止める。

③一画の書き終わり「止め」と、二画の書き終わりの「止め」の位置は、ほぼ垂直線上にある。

ふ

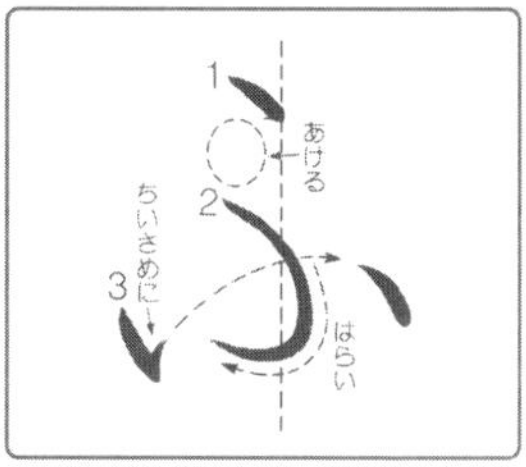

♪唱えて覚える口唱法

てんを　かき　たてのしりふり　ちょおん　ちょん

✤指導上のポイント

① 一画の**〈てん〉**は中心にななめに打つ。
② 二画の**〈たてのしりふり〉**は一画との間を広くとり、中心線を右に越える曲線を引いて払う。
③ 四画の**〈ちょん〉**は右下に下がりすぎないように注意する。
④ 三角形の概形の中に安定よくおさめる。

フ

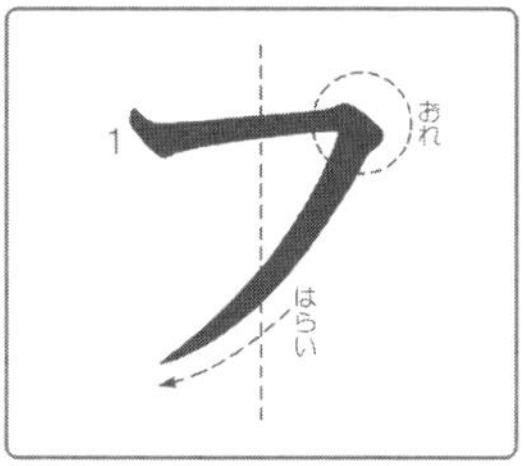

♪唱えて覚える口唱法

おもいきって　かぎを　ぴゅう

✤指導上のポイント

① 書き始めから折れの部分まで長く、やや右上がりに書く。
② 折れから払いまで、外側にふくらみを持たせながら払う。
③ 「ウ」「ク」の払いと同じで、中心線を越えて伸びやかに（書き始めの点は越えない）。

♪唱えて覚える口唱法
ななめに　のぼって　ななめに　おりる

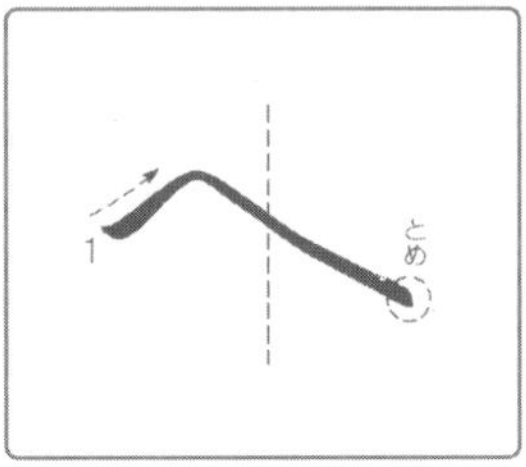

❖指導上のポイント
①〈**ななめに　のぼって**〉は右上あがりに短く書く。
②〈**ななめに　おりる**〉の右下への線は、右上あがりの線の二倍くらいの長さで止める。
③カタカナと違い。頂点の部分に丸みをだす。

♪唱えて覚える口唱法
したから　もちあげ　やまを　かく

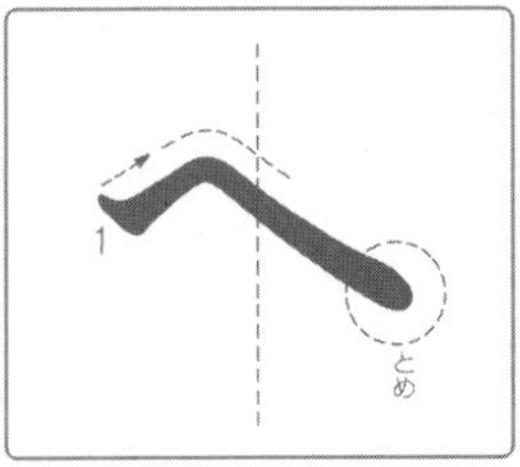

❖指導上のポイント
①〈**したから　もちあげ**〉で書き始めから右上に短く引き上げ、中心線に近づいたら右なめ下に長く引きおろして止める。
②右上がりの線に比べ、右下がりの線は二倍くらいの長さになるように。
③右上がりと右下への「やま」の角度に注意する。
④書き始めと書き終わりの位置に注意する。

ほ

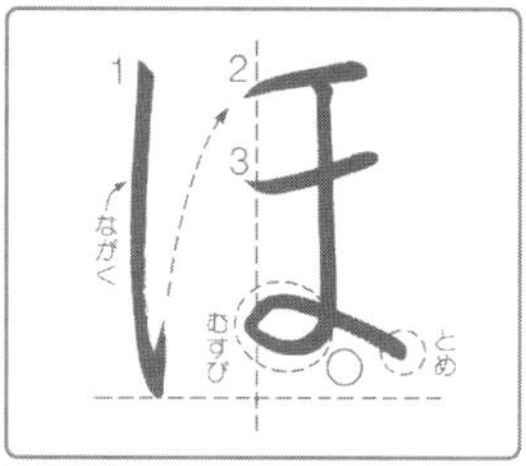

♪唱えて覚える口唱法

たてぼう　しゅっ　よこ　にほん　たてのしりふり　たまごがた

✤**指導上のポイント**

①一画の〈**たてぼう　しゅっ**〉は長く引いて小さく跳ねる。

②〈**よこ　にほん**〉は、中心より右に同じ位の長さで書く。

③結びの〈**たまごがた**〉は二、三画よりやや大きめに書き、最後は止める。位置は一画の跳ねより下に下がらないこと。

ホ

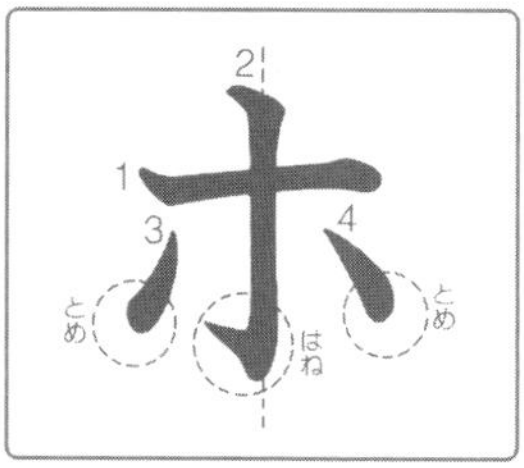

♪唱えて覚える口唱法

よこぼうで　たてを　はねたら　ちょおん　ちょん

✤**指導上のポイント**

①一画の〈**よこぼう**〉はやや右上がりで止める。

②二画の〈**たて**〉は中心線上を縦に長く引き、〈**はね**〉で小さく跳ねる。

③〈**ちょおん　ちょん**〉の三画と四画の方向は「ハ」と同じ。ただし、左右とも止める。

ま

♪唱えて覚える口唱法

よこ　にほん　たてのしりふり　たまごがた

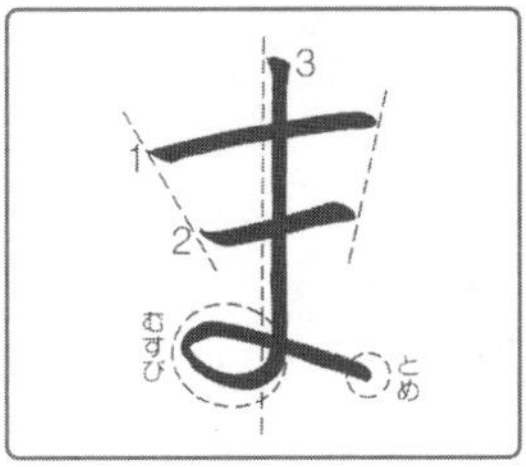

✤**指導上のポイント**

①**〈よこ　にほん〉**の一画目はやや右上がりに長く書く。

②二画目の「よこぼう」は一画より短い。

③ほぼ中心から引きおろした結びの**〈しりふり〉**は、大きめにゆったりと安定感を持たせる。

④**〈たまごがた〉**の書き終わりはしっかり止める。

マ

♪唱えて覚える口唱法

よこぼう　はねて　てん　つける

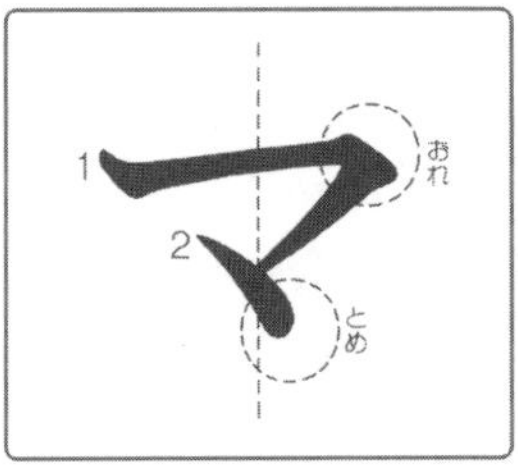

✤**指導上のポイント**

①一画の**〈よこぼう　はねて〉**は「ア」とまったく同じ要領で、大きく伸びやかに書くこと。

②二画の**〈てん　つける〉**の**〈てん〉**は中心線上で一画と接する。

③二画の**〈てん〉**の方向は一画の書き始めと書き終わりを結んだ同一線上になるように、右なめ下方向に打つとよい。

み

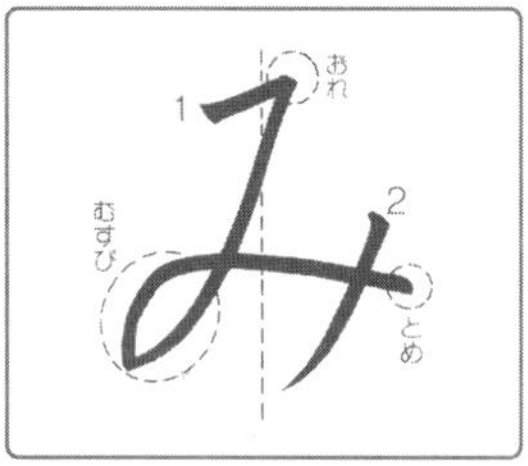

♪唱えて覚える口唱法

よこぼう　ななめで　もちあげて　ぐるっと　ひっぱり　ななめに　ぴゅう

✤指導上のポイント

① 書き始めの **〈よこぼう〉** は、やや右上がりに短く書く。
② **〈ななめで〉** という折れから左下への線は長く引く。
③ **〈ぐるっと　ひっぱり〉** は大きすぎない結びを作ったあと、右への線をしっかり伸ばして止める。
④ 三角形の概形の中に安定よくおさめる。

ミ

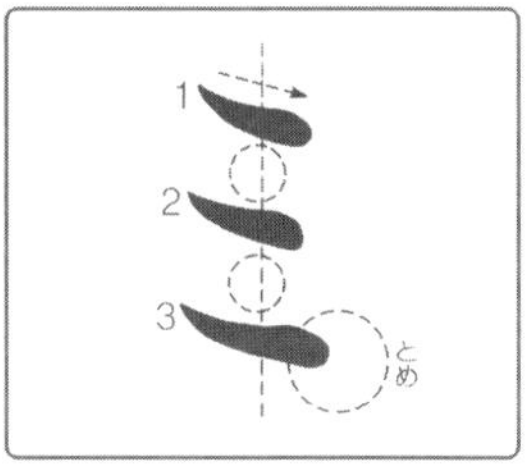

♪唱えて覚える口唱法

てん　てん　てん　それだけさ

✤指導上のポイント

① 三つの画とも左上から右下に同じ方向、同じ間隔で引く。
② 三画目はやや長くする。
③ 三画とも中心線が画の真ん中を通るように書くと安定する。
④ 三画とも書き終わりは止める。

む

♪唱えて覚える口唱法

よこぼうで　たてぼうまるめて　ぴんと　やって　ちょん

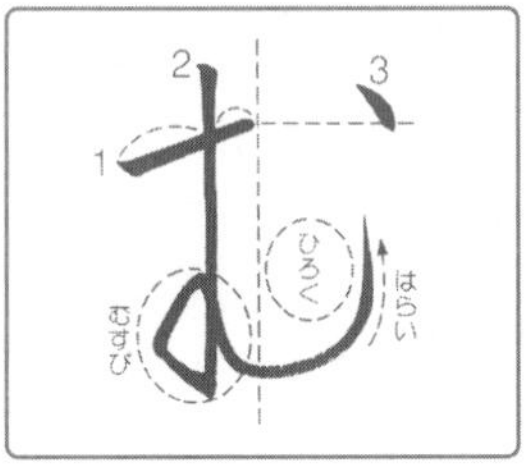

✤指導上のポイント

① 一画の **〈よこぼうで〉** はやや右上がりに短く書く。
② 二画の **〈たてぼう〉** は中心線より左側に長く引きおろして、**〈まるめて〉** で下方に結ぶ。
③ 結びは円ではなく三角形になるつもりで。
④ **〈ぴん〉** は **〈ちょん〉** へとつながる気持ちで、なるべく高い位置に、ななめにしっかり打つ。

ム

♪唱えて覚える口唱法

ななめで　もちあげ　てん　つける

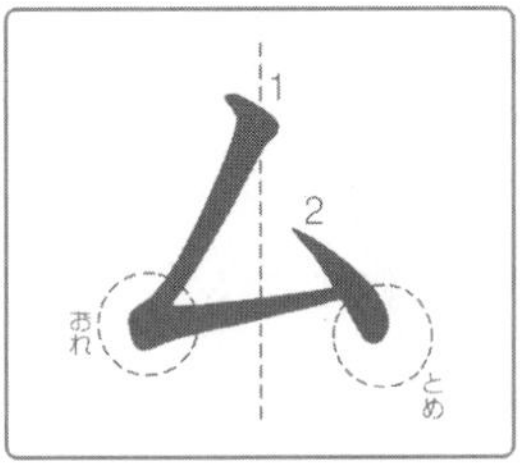

✤指導上のポイント

① 書き始めは中心線上から左ななめ下に引きおろして、折れたら長くやや右上に持ち上げる。
② **〈てん〉** は一画の書き始めの方向から右ななめ下に引いて止める。
③ 三角形の概形の中に安定よくまとめる。

め

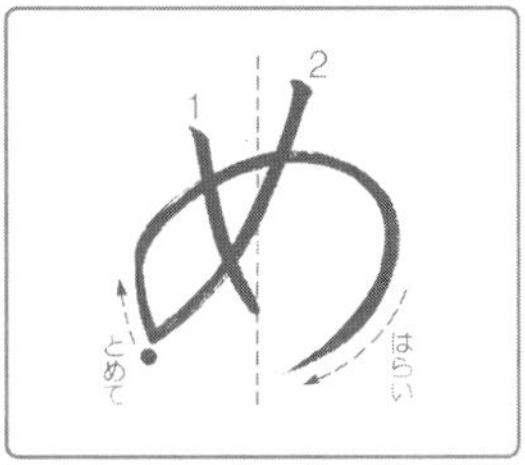

♪唱えて覚える口唱法
みぎななめ　ひだりななめで　もちあげて　ぐるっとまわして　おわりは　ぴゅう

✤**指導上のポイント**

① 一画の〈**みぎななめ**〉は「ぬ」と同じ要領で左上から右下の中心線くらいまで引き、止める。

② 二画の〈**ひだりななめ**〉は右上から左下でいったん止めて、〈**もちあげ**〉たあと〈**ぐるっとまわして**〉でゆったり大きくたまごを書くように。

③ 払いの〈**ぴゅう**〉は中心線に向かって勢いよく払う。

メ

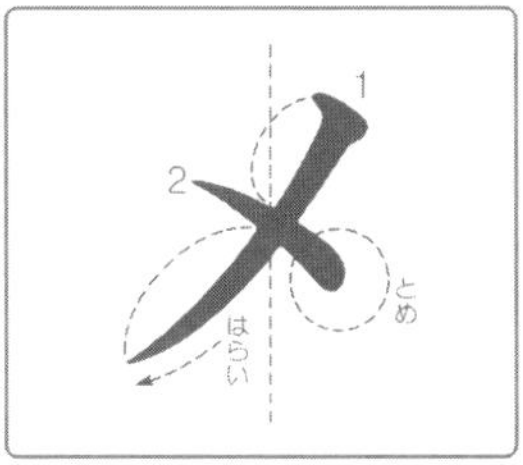

♪唱えて覚える口唱法
ななめに　ぴゅう　てん　つける

✤**指導上のポイント**

① 一画の〈**ななめに　ぴゅう**〉は「ノ」の字そのもの。

② 二画の〈**てん**〉は中心線上で一画と交わるように書く。小さすぎないこと。

③ 一画と二画が交わる角度は直角を意識するとよい。交わった地点は一画の真ん中よりやや上で、下をやや長く伸びた感じにするとよい。

も

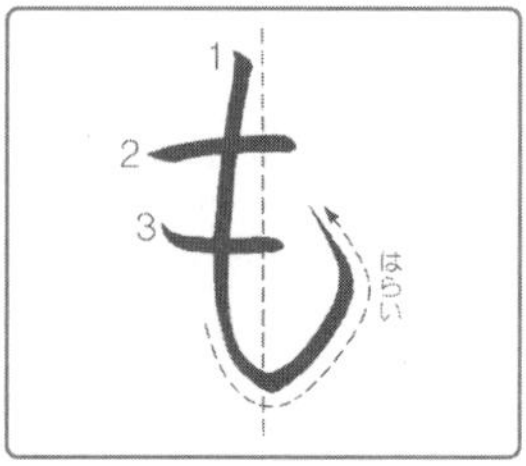

♪唱えて覚える口唱法

したにおりたら　まがって　ぴゅう　そしてあとから　よこ　にほん

✤指導上のポイント

①**〈したにおりたら〉**の書き始めは、中心から左側にふくらませるように下方に引く。

②**〈まがって　ぴゅう〉**は一番下のところから右に張り出すように引き、払いが二画の書き始めに向かうとよい。

③二、三画は「こ」の字と同じ要領で向かい合うように書く。

④「し」に横画を入れたものとは違う。

モ

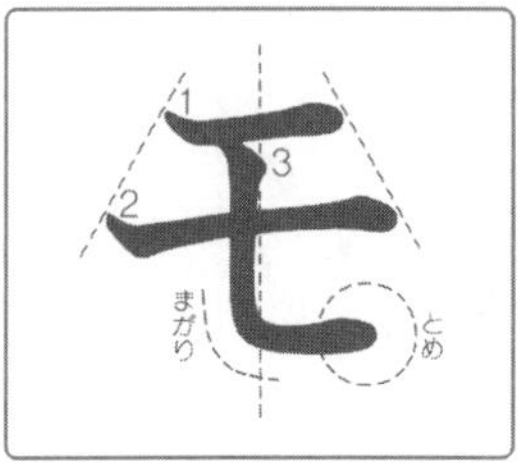

♪唱えて覚える口唱法

よこぼう　にほんで　たて　まげ　とん

✤指導上のポイント

①一画と二画は「テ」の一、二画と同じ要領。

②三画の**〈たて　まげ　とん〉**は中心線よりやや左側で書き始め、曲がったあとは真横に引いて止める。

③**〈とん〉**で止める位置は、二画目の**〈よこぼう〉**を越えない程度。

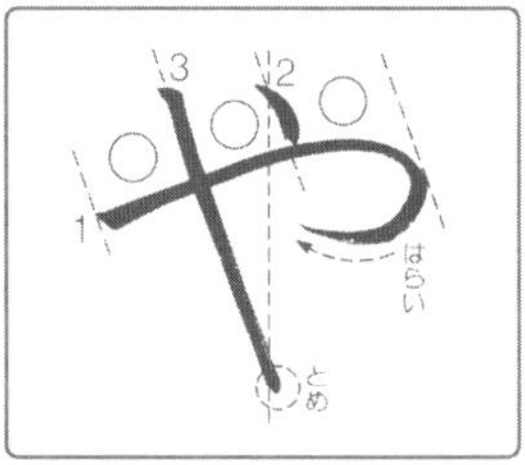

♪唱えて覚える口唱法

よこぼう　もちあげ　まわして　ぴゅう　てんを　つけたら　ななめぼう

✤指導上のポイント

① 一画の〈**よこぼう　もちあげ**〉は右上がりに長く引き、〈**まわして　ぴゅう**〉で曲がったあと二画の〈**てん**〉に向かって払う。

② 二画と三画は一画の〈**よこぼう**〉を三等分する位置に書く。

③ 二画の〈**てんを　つけたら**〉は中心線より右側に打つ。

④ 三画の〈**ななめぼう**〉は左上から右下へななめに長く引いて止める。

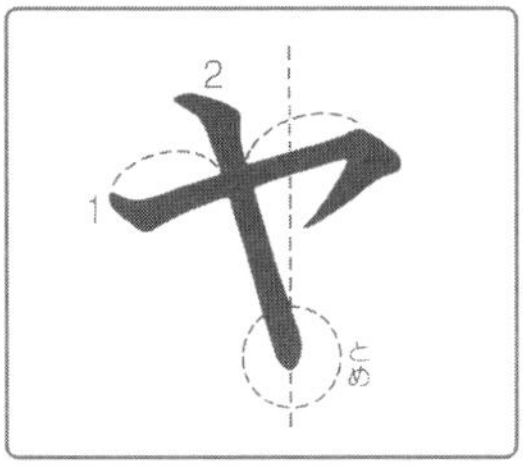

♪唱えて覚える口唱法

よこぼう　はねて　ななめぼう

✤指導上のポイント

① 一画の〈**よこぼう　はねて**〉は「マ」の一画と同じ要領で書く。

② 一画の〈**はね**〉は長すぎないように。二画の〈**ななめぼう**〉につかないようにする。

③ 二画の〈**ななめぼう**〉は「キ」の三画と同じ要領。中心線の左側から書き始め、右側に傾き中心線上でしっかり止める。

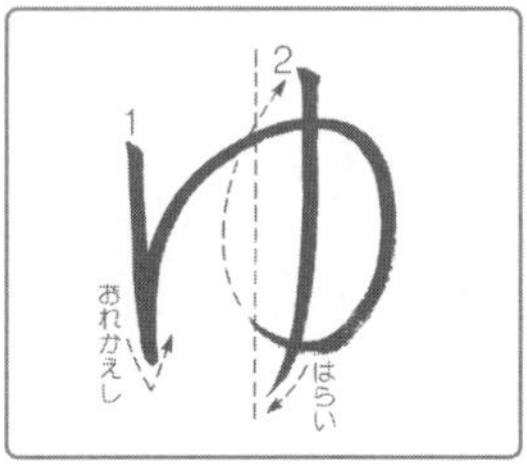

♪唱えて覚える口唱法

たてをかき　おおきくまわして　たてぼう　ぴゅう

✤指導上のポイント

①**〈たてをかき〉**は折り返しまで垂直に引くつもりで持っていく。

②**〈おおきくまわして〉**で折れから大きくゆったりと曲線をまわして払う。

③一画の払う位置は、ほぼ中心線上。

④二画の**〈たてぼう　ぴゅう〉**は中心より右で。なるべく垂直にたてぼうを引き、払いの部分が中心線に向かって少し曲がる。下方に長く出すぎないように注意する。

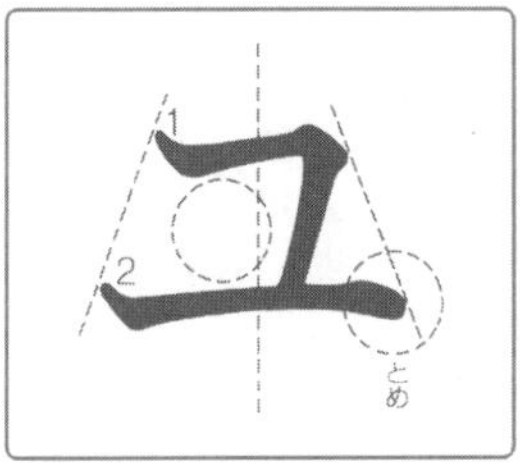

♪唱えて覚える口唱法

かぎを　かいたら　よこ　ながく

✤指導上のポイント

①「コ」と同じ要領で、二画を長く、右に伸びて止める。

②**〈かぎを　かいたら〉**の折れの角度はやや左下（その書き終わりは、中心線あたり）。

③「コ」との相違点を明確に指導すること。

④上下の画の間隔を適切にする。

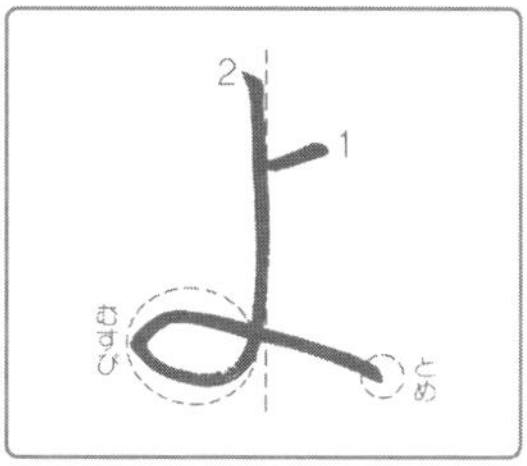

♪唱えて覚える口唱法

よこに　ちょん　たてのしりふり　たまごがた

✤指導上のポイント

①一画の〈**よこに　ちょん**〉は、やや右上がりで小さく書く。

②〈**たてのしりふり**〉のたて画は長く中心線上を通る。

③結びの〈**たまごがた**〉は大きく左上から書き終わりまで、直線的に引いて止める。

④三角形の概形の中に安定よくまとめる。

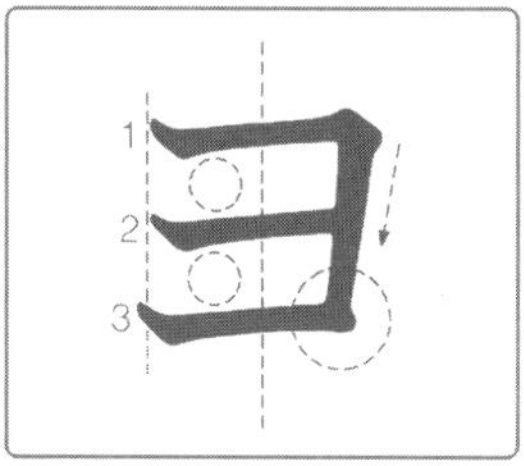

♪唱えて覚える口唱法

かぎを　かいて　よこ　にほん

✤指導上のポイント

①一画の折れから書き終わりは角度を左下にとること。

②一、二、三画の横画はほぼ同じ長さで、上下の間隔も同じ程度にあける。

③一画目の〈**かぎ**〉の書き終わりと、三画目の書き終わりの接筆に注意。

④中心線をはさみ、左右がバランスよくおさまるように書く。

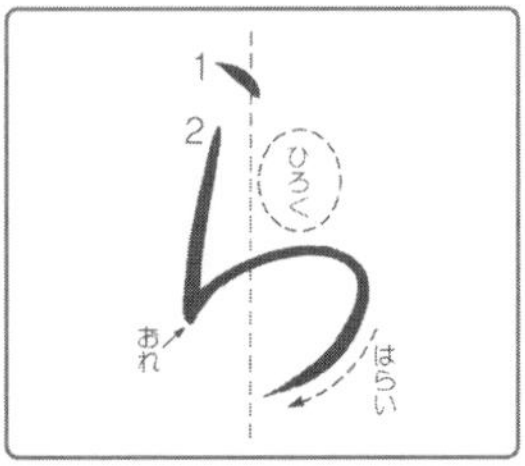

♪**唱えて覚える口唱法**

てんを　かき　たてぼう　とちゅうで　まわして　ぴゅう

✤**指導上のポイント**

①一画の〈**てんを　かき**〉の「てん」は中心線上にななめに打つ。

②二画の〈**たてぼう　とちゅうで**〉の折れまでは長く、やや左側に張るような気持ちで書くと、そのあとの〈**まわして　ぴゅう**〉が滑らかにいく。

③〈**まわして　ぴゅう**〉をまわすとき、折れから払いの部分を円形にしない。

④〈**ぴゅう**〉は中心線をめがけて払う。

♪**唱えて覚える口唱法**

よこぼう　かいて　かぎを　ぴゅう

✤**指導上のポイント**

①一、二画の横画は、「ニ」「テ」「モ」と同じ要領で書く。

②二画の〈**かぎを　ぴゅう**〉は「フ」とまったく同じ書き方。払いが横画の左まで飛び出ないように注意する。

♪唱えて覚える口唱法

たてぼう　しゅっ　むかいあわせで　もひとつ　ぴゅう

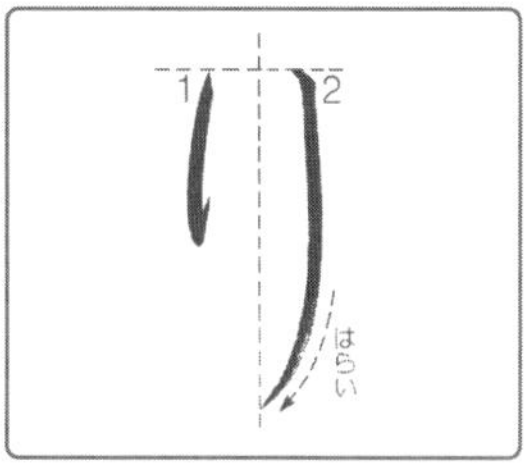

✤指導上のポイント

①一、二画は中心線を境にして向かい合うように書く。
②一画の**〈たてぼう〉**は短く、**〈しゅっ〉**で跳ねるとき二画の書き始めにつながる気持ちで。
③二画の**〈むかいあわせで〉**は、途中まで垂直で払いの部分が中心線に向かう。
④二画目の出だしは、一画目の書き始めより高くならない。

♪唱えて覚える口唱法

みじかい　たてに　たてを　ぴゅう

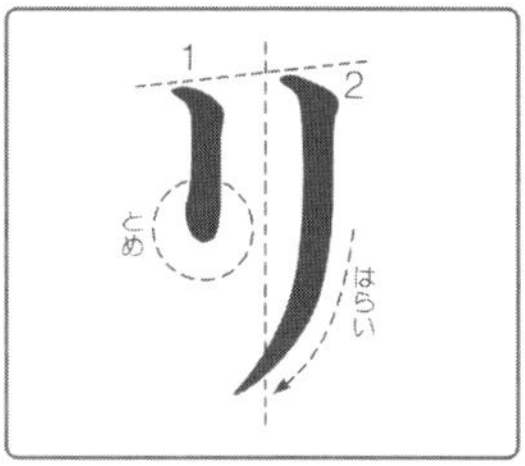

✤指導上のポイント

①一画より二画のほうがやや高い位置から書き始めること。
②二画の**〈たてを　ぴゅう〉**の払いの先端は、中心線のあたりでとどめる。

る

♪唱えて覚える口唱法

よこぼうで　ひっぱり　まわして　おわりは　くるん

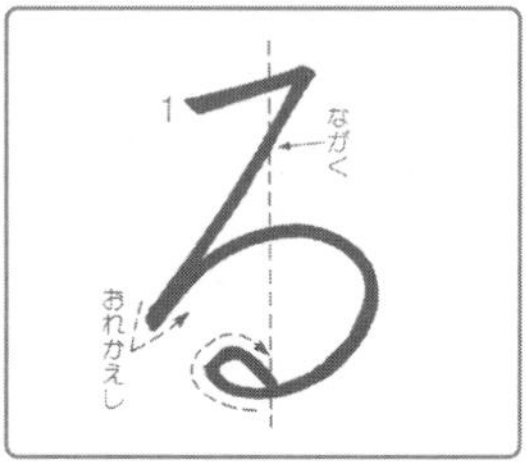

✤ **指導上のポイント**

① 書き始めの〈**よこぼう**〉は中心線を境に同じ長さで、右上がりに短く書く。
② 〈**ひっぱり**〉は長く引くこと。
③ 折れてから大きく〈**まわして**〉、曲線でたまごを書くように。
④ 結びの〈**くるん**〉は小さめに、中心線より左側にくるように。三角形のつもりでしっかり結ぶ。

ル

♪唱えて覚える口唱法

たてを　ぴゅう　たてぼう　おろして　もちあげ　ぴゅう

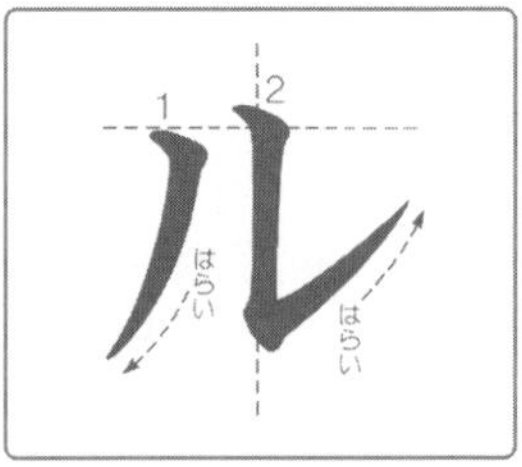

✤ **指導上のポイント**

① 一画の〈**たてを　ぴゅう**〉の左払いは方向が大事。
② 二画はほぼ中心線上を長く垂直に引きおろす。
③ 折れてからの払いは大きく外側に膨らむように、一画の「ノ」部分の書き始めの高さのあたりまでの気持ちで引き上げる。

♪唱えて覚える口唱法

たてぼうで　よこかき　ひっぱり　あがって　すべる

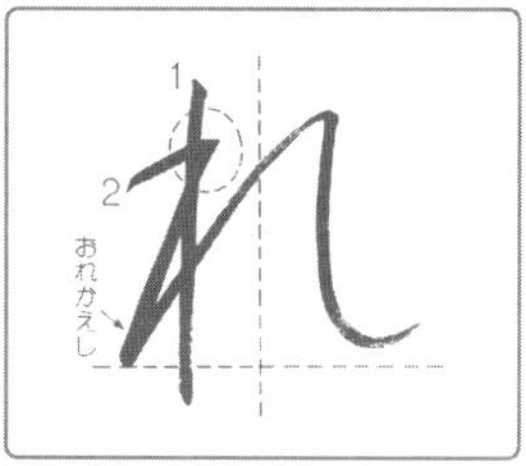

✤指導上のポイント

① 一画の〈**たてぼう**〉は「ね」と同じ要領で左側に長く書く。
② 二画の最初の折れの〈**よこかき　ひっぱり**〉は一画と完全に接すること。
③ 二画の左側部分は小さくまとめて、右側部分は広い空間をとること。
④ 書き終わりの払い〈**あがって　すべる**〉は「し」と同じ要領で外側に向かって払う。

♪唱えて覚える口唱法

たてぼう　おろして　もちあげ　ぴゅう

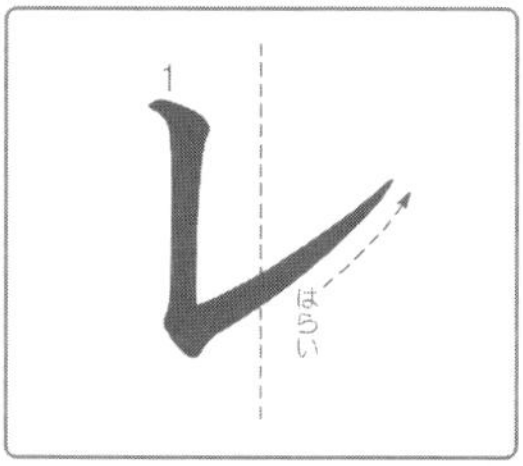

✤指導上のポイント

①「ル」の二画と同じ要領。
② 縦画を長く引きおろして方向を定めて大きく払う。
③ 縦画は中心線よりかなり左に書かないと十分な払いが出来ないので注意。

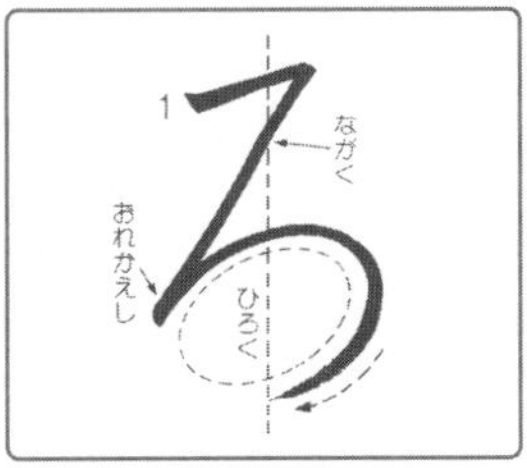

♪唱えて覚える口唱法

よこぼうで　ひっぱり　まわして　おわりは　ぴゅう

✤指導上のポイント

①「る」とまったく同じ要領の文字です。

②**〈まわして〉**で下部の丸みを大きく、たまごを書くようにして、安定感を持たせる。

③**〈ぴゅう〉**と払う部分は、中心線に向かって左下方向に。

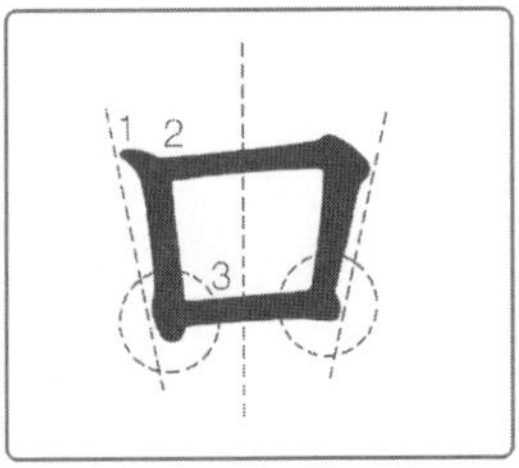

♪唱えて覚える口唱法

たて　かぎ　かいて　そこ　とじる

✤指導上のポイント

①一画と二画目の「かぎ」の**〈たて〉**は、下方がやや狭くなるように内側に向かって引く。

②三画の**〈そこ　とじる〉**のよこぼうが一画と二画に接する部分に注意。一画は三画より少し下に出て、三画は二画より右にでるよう接筆して止める。

③「ロ」は接筆の基本指導に適切な文字。

♪唱えて覚える口唱法
たてぼうで　よこかき　ひっぱり　まわして　ぴゅう

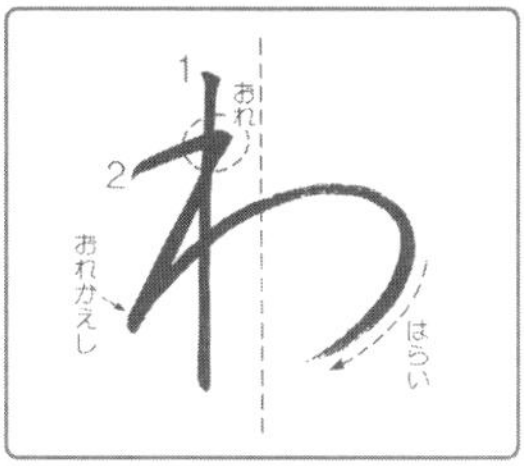

✤指導上のポイント
①「ね」「れ」の〈✤指導上のポイント〉を参考に。
②〈まわして〉で右側の曲線を大きくのびのびと書く。
③払いの〈ぴゅう〉は中心線より左側に出ないように注意する。
④字源の「和」の草書を頭において書くとよい。

♪唱えて覚える口唱法
たてを　ちょん　かぎを　ぴゅう

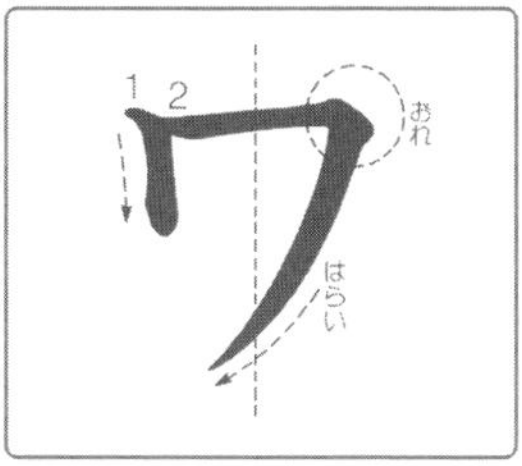

✤指導上のポイント
①「フ」の字の始筆に短い縦画が加わった字形。
②一画の〈たてを　ちょん〉はやや右下に向かうつもりで短く止める。
③〈かぎを　ぴゅう〉は画にかこまれた内側が広く見えるように書く。
④〈ぴゅう〉は一画より内側で止める。

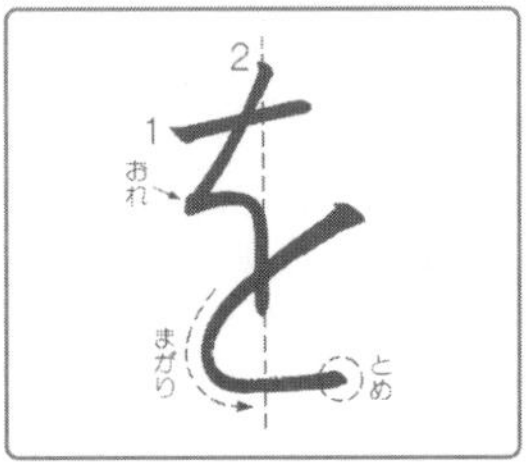

♪唱えて覚える口唱法
よこぼうで　たてぼうななめで　もどしてとん　ひっぱりまわして　おわりをとん

✤指導上のポイント
①一画の〈**よこぼう**〉は短く中心線を境に同じ長さ。
②二画目は中心線上から左斜め下に向かって書き、右ななめ下に短く折れる。
③折ったら中心までもどし、〈**もどして　とん**〉で垂直にたて、おろして止める。
④三画は右肩を大きく出し、左まわしでどっしりと、終わりを〈**とん**〉で止める。
⑤左右に倒れないようにバランスに注意して書く。

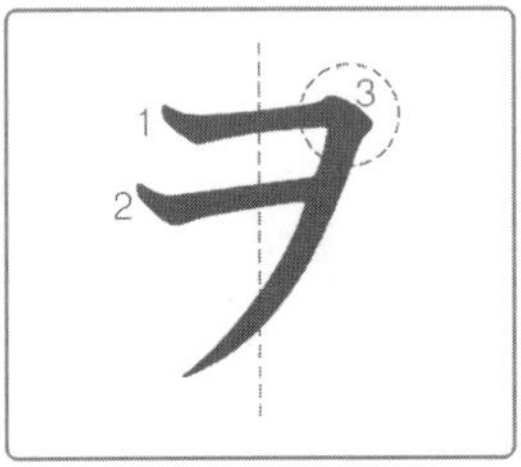

♪唱えて覚える口唱法
よこぼう　にほんで　ななめに　ぴゅう

✤指導上のポイント
①〈**よこぼう　にほん**〉は平行。
②「フ」に一画加わったと考えると、筆順を間違えてしまう。唱え方をしっかりと覚えさせること。
③字源「乎」を頭において書くとよい。
④三画の〈**ななめに　ぴゅう**〉は長く伸びやかに。

ん

♪唱えて覚える口唱法

おおきく　ひっぱり　もちあげ　くるん

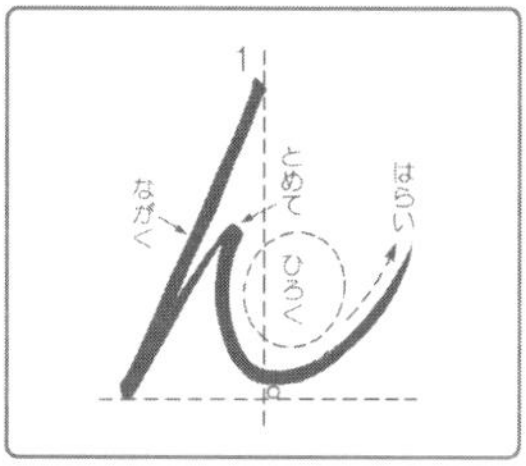

✤指導上のポイント

①左ななめに長く引きおろして、〈**もちあげ**〉で半分ほど戻して呼吸を整える。

②戻した点は左ななめの線より少し右側に見えるように。

③いったん止めた点から〈**くるん**〉で下方におろし、大きな空間をつくりながら、ななめに払い上げる。

④三角形の概形の中に安定よくまとめる。

ン

♪唱えて覚える口唱法

てん　かいて　したから　もちあげ　ななめに　ぴゅう

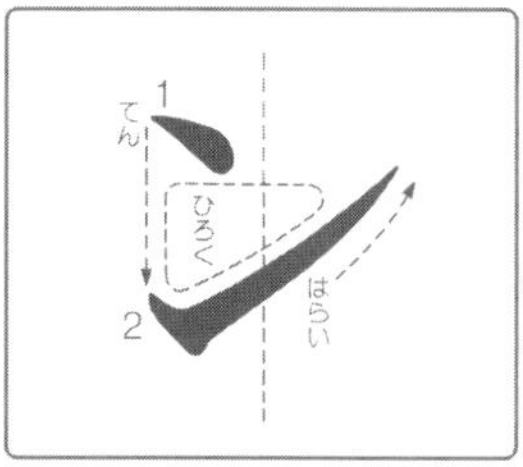

✤指導上のポイント

①最初に打つ〈**てん**〉の位置で、この字の良し悪しが決まる。

②二画は〈**てん**〉の真下から、右ななめ上に〈**ぴゅう**〉と持ち上げて払う。

③払いは右外に膨らむように〈**てん**〉の高さぐらいまで引き上げる。短くならないように注意。

❖カタカナの使い方

カタカナは、外来語や外国語、外国の地名や人名、擬音・擬声語、動植物名、発音記号、振りがななど、限られた場合にしか用いられません。しかし、今の時代に生きる子供たちの生活の中では、動物の鳴き声、風や波の音など、あるいは外来語や外国語はいたるところに氾濫《はんらん》しています。もちろん、絵本などではたくさん出てきます。

それだけに、これらの言葉を耳にし、目に触れない日はありません。絵本の中でもたくさん使われ、読む機会も書く機会も案外多いものです。

カタカナを特徴的にいえば、ひらがなと違って、直線が多く、書きやすい字です。そして、「ネ」と「ホ」だけは四画ですが、それ以外は1、2、3と三つのリズムがあれば書き終える字です。それだけに文字の筆の運びの基礎練習にはもってこいの字なのです。カタカナには字形が単純でわかりやすいという特徴がありますから、漢字への導入にも最適です。

それなのに、小学校ではカタカナ指導を簡略的にし、家庭学習にしたり、あまり力を入れない傾向があるようです。国語の時間数が不足しているというのが理由のようです。ご家庭できちんと練習させるのは無駄ではないようです。

第五章

算用数字と漢数字の唱え方と指導のポイント

ひらがな・カタカナの教え方

❖算用数字の読み方

あなたは「4　7　9」をどう読みますか。「し、しち、く」と読むでしょうか。それとも「よん、なな、きゅう」でしょうか。

計算などをするときには、聞き取りやすい「よん、なな、きゅう」という言い方を使っているようですが、実際はどちらの読み方も間違いではありません。

「7/4」は「よんぶんのしち」と読んでも「しぶんのなな」と読んでもよいようです。でも、どんな場合でもどう読んでもよいというわけではありません。例えば、時刻の「四時」は「よじ」、「四月」は「しがつ」と読むことに決まっています。

❖漢数字の読み方

算用数字の読み方は「いち」「に」「さん」「し」「ご」「ろく」「しち」「はち」「きゅう・く」「じゅう」となりますが、漢数字の場合には読み方がいくつかあります。「一」は「イチ、イツ、ひと、ひとつ」、「二」は「ニ、ふた、ふたつ」……といった調子です。ここでカタカナで書いたのはいわゆる音読みの言い方ですし、ひらがなは訓読みです。

漢数字を使う場合は「かずをかぞえる『つ』を含む名詞はその『つ』を送る」という漢字

の送りがなのつけ方の決まりによって、読み方が少し違う場合があります。例えば、「三つ編み」の場合は「みつ」という言い方をしますし、「あめを三つちょうだい」の場合は「みっつ」と読みます。ですから、「三つ」は「みっつ」とも「みつ」とも読むことがあるというわけです。

❖算用数字と漢数字の使い方

横書きですと、特別な場合を除いて数を表すときには、算用数字を使います。たとえば150人、20本、30万円などのようにします。そして、数としての感覚が薄くなってしまった「一部の人」「一般に」「二重まぶた」のような場合は漢字を用います。

また、概数を示す「四、五日」「二、三匹」「数十日」などのような場合にも漢数字を使うことになっています。

❖数字の字体

漢数字の場合はさほど問題はないようですが、、算用数字では字体による書き方の違いが問題になるようです。たとえば、「2」「4」「7」などを「2」「4」「7」のように書いたら間違いなのか、などという問題が出てきます。字体には活字体と筆写体（手書き）の二通りがあります。今のところ、それについて一定した標準の形というものはないようです。ここでは活字体を基準にして書けるようにしてあります。

❖日付の読み方

日付は特別な読み方をすることが多く、間違いやすいところです。ただ、数は少ないので、特別なものだけを覚えてしまえばよいでしょう。

◆一日＝ついたち　◆二日＝ふつか
◆三日＝みっか　◆四日＝よっか
◆五日＝いつか　◆六日＝むいか
◆七日＝なのか　◆八日＝ようか
◆九日＝ここのか　◆十日＝とうか
◆二十日＝はつか

✤数字の唱え方と指導のポイント

♪漢数字の唱え方

一　ひと・ひとつ・イチ・イッ

♪唱えて覚える口唱法

よこぼう　いっぽん　ひだりから

♪唱えて楽しいストーリー

一つ　ひとりで　おるすばん

二　ふた・ふたつ・ニ

♪唱えて覚える口唱法

よこぼう　にほん　した　ながく

♪唱えて楽しいストーリー

二つ　ふたりの　おきゃくさま

♪算用数字の唱え方

1　イチ

♪唱えて覚える口唱法

うえから　たてぼう　1のじ　できた

♪唱えて楽しいストーリー

アヒルのぎょうれつ　1れつで

2　ニ

♪唱えて覚える口唱法

まわって　よこぼう　2のじが　できた

♪唱えて楽しいストーリー

きちんと　そろえた　くつ　2そく

三 み・みつ・みっつ・サン

♪唱えて覚える口唱法

まんなかみじかく　よこぼう　さんぼん

♪唱えて楽しいストーリー

三つ　みかづき　やねの　うえ

四 よ・よつ・よっつ・シ

♪唱えて覚える口唱法

たて　かぎ　ノをかき　たてまげて

そしてさいごに　そことじる

♪唱えて楽しいストーリー

四つ　よつばの　クローバー

五 いつ・いつつ・ゴ

♪唱えて覚える口唱法

よこぼうに　たてぼうななめで

かぎ　よこぼう

3 サン

♪唱えて覚える口唱法

まわって　まわって　3のじ　できた

♪唱えて楽しいストーリー

すまして　並んだ　3にんかんじょ

4 シ

♪唱えて覚える口唱法

さんかく　たてぼう　4のじ　できた

♪唱えて楽しいストーリー

がくふに　ならぶ　4ぶ　おんぷ

5 ゴ

♪唱えて覚える口唱法

たてかいて　まわって　よこぼう

5のじが　できた

♪唱えて楽しいストーリー

五つ　このこも　いつつになった

六　む・むつ・むっつ・むい・ロク

♪唱えて覚える口唱法

てんいちに　ひだりにはらって
みぎはちょん

♪唱えて楽しいストーリー

六つ　むこうで　かね　むっつ

七　なな・ななつ・なの・シチ

♪唱えて覚える口唱法

よこぼうに　たてまげる

♪唱えて楽しいストーリー

七つ　なないろ　にじの　いろ

♪唱えて楽しいストーリー

おめでとう　おたんじょうびで
きょうから　5さい

6　ロク

♪唱えて覚える口唱法

たてぼう　まるめて　6のじ　できた

♪唱えて楽しいストーリー

おうちに　かえる　からすが　6わ

7　シチ

♪唱えて覚える口唱法

たてぼう　かぎで　7のじ　できた

♪唱えて楽しいストーリー

もりの　こかげに　こびとが　7にん

八 や・やつ・やっつ・ハチ

♪唱えて覚える口唱法

ひだりにはらって　みぎばらい

♪唱えて楽しいストーリー

八つ　やつでは　てんぐの　うちわ

九 ここの・ここのつ・キュウ・ク

♪唱えて覚える口唱法

ノをかいて　かぎまげ　（そと）はねる

♪唱えて楽しいストーリー

九つ　はいった　パーフェクト

十 とお・と・ジュウ・ジッ

♪唱えて覚える口唱法

よこぼうかいて　たてぼうおろす

♪唱えて楽しいストーリー

はしりかたも　十人十いろ

8 ハチ

♪唱えて覚える口唱法

まわって　ねじって　8のじ　できた

♪唱えて楽しいストーリー

ちゅうしゃじょうには　くるまが8だい

9 キュウ・ク

♪唱えて覚える口唱法

まわって　たてぼう　9のじ　できた

♪唱えて楽しいストーリー

どんぐり　ひろった　ぜんぶで　9こ

10 ジュウ・ジッ

♪唱えて覚える口唱法

たてぼう　たまごで　10のじ　できた

♪唱えて楽しいストーリー

かちぬき　ずもうだ　10ばん　しょうぶ

百 ヒャク

♪唱えて覚える口唱法

よこいちに　ノをつけて

たて　かぎ　かいたら　よこにほん

♪唱えて楽しいストーリー

百は　デパート　ひゃっかてん

千 ち・セン

♪唱えて覚える口唱法

ノをかいて　よこぼうかいたら

たてながく

♪唱えて楽しいストーリー

千羽づるは　へいわの　いのり

100 ヒャク

♪唱えて覚える口唱法

たてぼうに　たまごが　ふたつで

100のじ　できた

♪唱えて楽しいストーリー

ころころころげた　おかねが　100えん

1000 セン

♪唱えて覚える口唱法

たてぼうに　たまごが　みっつで

1000のじ　できた

♪唱えて楽しいストーリー

やくそくしましょ

うそを　ついたら　はり1000ぼん

◯ れい

♪唱えて覚える口唱法

ぐるっと　まわして　ひとまわり

♪唱えて楽しいストーリー

テストのてんすう　こまった　○《れい》てん

0 ゼロ

♪唱えて覚える口唱法

うえからまわって　ひとまわり

たまごのような　0《ぜろ》できた

♪唱えて楽しいストーリー

なんにもないこと　0《ぜろ》という

＊（♪**唱えて楽しいストーリー**は、『下村式・リズムで覚えるすうじ1・2・3』文渓堂より）

下村　昇（しもむら・のぼる）

1933年東京都に生まれる。東京学芸大学国語科卒業。東京都の公立小学校教員となり、漢字・カタカナ・ひらがな・数字の「唱えて覚える口唱法」を提唱。東京都立教育研究所調査研究員、国立教育研究所学習開発研究員、全国漢字漢文研究会理事などを歴任する。現在、「現代子供と教育研究所」所長。独自の「下村式」理論で数々の辞書や教育書、副読本などを執筆。著書は100点以上に及ぶが、中でもシリーズ『下村式・唱えて覚える漢字の本』（学年別、偕成社）は刊行以来400万部を突破している。
ホームページ　http://www.n-shimo.com/

下村 昇の漢字ワールド 5

ひらがな・カタカナの教え方

●二〇〇六年　四　月　一　日――第　一　刷発行
●二〇〇九年　九　月　一五　日――第　二　刷発行

著　者／下　村　昇

発行所／株式会社　高文研
東京都千代田区猿楽町二－一－八
三恵ビル（〒一〇一＝〇〇六四）
電話　03＝3295＝3415
振替　00160＝6＝18956
http://www.koubunken.co.jp/

本文レイアウト・DTP／㈱キャデック
装丁／井上　登志子
印刷・製本／三省堂印刷株式会社

★万一、乱丁・落丁があったときは、送料当方負担でお取りかえいたします。

ISBN978-4-87498-360-7　C0037

◆教師のしごと・より豊かな実践をめざす高文研の本

子どもと生きる 教師の一日
家本芳郎著 1,100円
教師の身のこなし、子どもへの接し方、プロの心得を66項目にわたり、教師生活30年のウンチクを傾けて語った本。

「指導」のいろいろ
家本芳郎著 1,300円
広く深い「指導」の内容を、説得・共感・教示・助言・挑発…など22項目に分類。場面・状況に応じて全て具体例で解説。

子どもと歩む 教師の12カ月
家本芳郎著 1,300円
子どもたちとの出会いから学級じまいまで、取り組みのアイデアを示しつつ教師の12カ月をたどった〝教師への応援歌〟。

指導の技法
家本芳郎著 1,500円
なるべく注意しない、怒らないで、子どものやる気・自主性を引き出す指導の技法を、エピソード豊かに具体例で示す！

イラストで見る 楽しい「指導」入門
家本芳郎著 1,400円
怒鳴らない、脅かさないで子どもの力を引き出すにはどうしたらいい？ 豊かな「指導」の世界をイラスト付き説明で展開。

イラストで見る 楽しい「授業」入門
家本芳郎著 1,400円
授業は難しい。今日は会心だったと笑みがこぼれたこと、ありますか。誰もが授業上手になるための、実践手引き書。

教師のための「話術」入門
家本芳郎著 1,400円
教師は〈話すこと〉の専門職だ。なのに軽視されてきたこの大いなる〝盲点〟に〈指導論〉の視点から切り込んだ本。

教師の仕事を愛する人に
佐藤博之著 1,500円
子どもの見方から学級づくり、授業、教師の生き方まで、涙と笑い、絶妙の語り口で伝える自信回復のための実践的教師論！

若い教師への手紙
竹内常一著 1,400円
荒れる生徒を前にした青年教師の苦悩に深く共感しつつ、管理主義を超えた教育の新しい地平を切り拓く鋭く暖かい24章。

教師にいま何が問われているか
服部 潔・家本芳郎著 1,000円
教師はいかにしてその力量を高めていくのか？ 二人の実践家が、さまざまなエピソードをひきつつ、大胆に提言する。

楽しい「授業づくり」入門
家本芳郎著 1,400円
〝動き〟があり、〝話し合い〟があり、〝子どもが活躍する〟授業づくりのポイントを整理、授業に強くなる法を伝える。

授業がなりたたないと嘆く人へ
相澤裕寿・杉山 雅著 1,165円
既製の〝授業らしい授業〟へのこだわりを捨てた二人の実践家（英語、社会）が〝新しい授業〟の発想と方法を語り合う。

★表示価格はすべて本体価格です。このほかに別途、消費税が加算されます。